인생의 파도를
넘는 법

인생의
파도를

도전과 모험을 앞둔 당신에게

넘는 법

김재철 지음

콩나주

stage 2

호기심의 바다
창조는 '머리'가 아니라 '몸'에서 시작된다

～～～～～

산더미만한 파도가 덮쳐왔다.

거센 풍랑을 만나면 온 세상이 암흑으로 바뀐다.

순간, 본능적으로 깨달았다.

'아, 이걸로 끝이구나.'

참 묘하게도
한 편의 필름이 머릿속을 스쳐지나갔다.

지금껏 살아온 인생이 파노라마처럼
눈앞에 펼쳐진 것이다.

집안은 가난했고, 식구는 많았다.

서울대 대신 수산대에 들어갔고,

돈을 벌고자 목숨을 담보로 배에 올랐다.

지난 삶을 돌아보며 생각했다.

'나는 제대로 살아왔는가.'
'내 선택들은 옳았는가.'
'다른 삶을 살 수는 없었나.'

기적처럼 파도가 잠잠해지고,

죽음의 고비에서 벗어나자,

스스로에게 물었다.

"앞으로 어떻게 살 것인가?"

바다 위의 생활은
언제 죽음과 마주할지 모르는 위기의 연속이었다.
그때마다 나에게 똑같은 질문을 던졌다.

"앞으로 어떻게 살 것인가?"

'자칫하면 파도에 휩쓸려 죽었을 것을,

덤으로 한번 더 사는 인생

당당하고 떳떳하게 살다 가자.

구질구질하지 않게 사는 거야.'

비단 바다에서뿐만이 아니었다.

내 인생은 늘 위기의 연속이었다.

이후 사업을 시작하고, 회사를 경영하면서도

'철판 한 장 밑에 지옥을 깐 생활'을

해왔다고 해도 과언이 아니다.

실패의 순간마다,

포기의 순간마다,

위기의 순간마다,

바다 위에서의 결심을 떠올렸다.

'덤으로 한번 더 사는 인생

당당하고 떳떳하게 살다 가자.

구질구질하지 않게 사는 거야.'

지금까지

나를 지탱한 키워드는 세 가지

'도전'과 '열정'. 그리고 '호기심'이다.

나는 세상에 무엇이 필요한지

내가 무엇을 할 수 있는지

늘 궁금했고 질문했고 시도했고 도전했다.

이 책은 내가 품어온 호기심과 도전의 질문들이자

열정과 성장의 답변들이다.

꿈을 품고 있거나 그 꿈을 이루고픈 사람들과

함께 나누고픈 이야기이기도 하다.

프롤로그

작은 불씨를 꿈꾸며

아흔을 넘은 인생의 황혼녘에서 지나간 일을 회상해본다. 내 삶은 과연 가치가 있었는가, 있다면 어떤 가치와 의미가 있었을까. 스스로 특별한 가치를 부여할 만한 것이 별로 없다 여겼기에 그저 해가 기울듯 자연스레 황혼으로 접어드는 생활을 하고 있었다. 주위에서는 젊은이들이 볼 만한 무엇인가를 남기는 것이 좋지 않겠냐고 권했지만 정중하게 거절했다.

지금 이 시간, 누군가 이 책을 읽고 있다면 내가 설득당하고 만 것일 테다. 오랜 기간 여러 사람의 권유와 설득에 결국 책을 준비하기 시작했지만, 그 과정에서도 수없이 머뭇거렸다. 마지막 순간까지도 반문했다.

"꼭 책을 내야 하는가."

나 자신을 내세우는 것도, 누가 나를 추켜세우는 것도 생리적으로 맞지 않기 때문이다. 간혹 저명한 작가들이 나에 관한 책을 쓰겠다고 할 때도 한사코 거절한 이유다. 그럼에도 결국 이 책이 세상에 나왔다면, 그래서 누군가 이 책을 읽고 있다면 그것은 젊은 친구들과의 만남 덕분일 것이다.

회사나 대학교, 대학원 특강에서 수많은 젊은이를 만나 왔고 여전히 만나고 있다. 그들은 나를 '회장 할아버지'라 부르며, 삶과 일에 대해 수많은 질문을 던졌고 수많은 고민을 토로했다. 그들과 만나고 대화하며 내 삶이 누군가에게 작게나마 도움이 될 수 있음에 감사했고, 더 많은 이를 직접 만나지 못함에 아쉬웠다.

즉 이 책은 그간 내가 만나온 젊은이들의 질문과 고민에 대한 나름의 대답이자, 비록 만나지는 못했지만 도전을 앞두고 노력하고 있는 젊은이들을 위한 나름의 응원과 격려일 것이다.

돌아보면 내 삶은 그리 복잡하지 않았다. 호기심에서 시작해 실행하고 탐구하고 실행하다보니, 도전이 도전을 낳고 습관이 됐을 뿐이다. 그 습관을 남들은 열정이라고 불렀다.

~~~~~~

당연한 말이지만 이 책에 그간 겪어온 모든 경험을 담지는 않았다. 젊은 직원들 그리고 대학생들과 나눈 대화에서 느낀 바에 기반해, 그들이 가장 궁금해한 몇몇 경험을 담았을 뿐이다.

내 삶은 결코 평탄하지 않았다. 가난한 집안의 장남으로 태어나, 서울대라는 탄탄대로 대신 수산대라는 비포장도로를 택했고, 무급 실습 항해사로 원양어선을 탔다.

안정된 삶을 버리고 바다로 나간 후 지금까지 계속되는 '도전과 열정',
수산업으로 시작했지만 제조업 · 금융업을 아우르는 선진국형 종합 기업으로 성장하겠다는 '꿈',
올바른 길이 아니면 가지 않고 약자에게 피해를 줄 수 있으면 그 사업은 하지 않겠다는 '정도경영',

이러한 삶의 원칙이 오늘의 동원그룹과 한국투자금융을 일구게 해줬다.

그 모든 과정이 수많은 실패와 시행착오의 연속이었다. 숱한 고비마다 넘어가는 과정을 통해 실패를 대하는 법과 실패에 대비하는 법을 배웠다. 이 책을 통해 전하고 싶은 메시지는 간단하다.

가슴 뛰는 일을 찾아 도전하고 또 도전하라는 것이다.

이 책이 누군가의 가슴을 뛰게 하는 작은 불씨가 되기를 간절히 바란다.

2025년 4월

김재철

도전의 태도

지금, 나의 가슴은 정말 뛰고 있는가

선택

나의 길은 어디에 있는가

選擇

얼마 전 한 커뮤니티에서 '참치 잡다 재벌이 된 할아버지'에 대한 이야기가 화제에 올랐다고 전해들었다. 이야기의 주인공이 나였다는데, 사실이다.

나의 첫 직업은 어부였다. 과거에는 어부를 '뱃놈'이라 부르기도 했는데, 그만큼 험한 일이었기 때문이다. 더욱이 나는 원양어선을 탔다. "죽어도 좋다"는 각서라도 쓰겠다고 하고서야 배에 오를 수 있었다. 처음 물고기를 잡은 바다는 당시 부산에서 배로 23일을 가야 하는 남태평양 미국령 사모아였다. 그때부터 지금까지 평생을 바다와 함께했다. 바다를 기반으로 사업을 시작했고 기업도 일구었다.

무엇보다 바다에서 인생을 배웠다. 인생은 바다와 같다. 거친 파도에 굴하지 않고 앞으로 나아갈 때 만선을 이룰 수 있듯, 인생의 파도에 좌절하지 않고 새로운 세상으로 나아갈 때 꿈을 이룰 수 있다.

~~~~~~~

농사짓는 집에서 태어나 고등학생 때까지 바닷가 근처도 가본 적 없는 내가 바다라는 새로운 세상으로 눈을 돌리게 된 계기는 한 선생님의 말씀이었다. 내가 강진농업고등학교 3학년이던 1953년, 당시 농고에서 공부를 잘하는 학생들은 다들 서울대 농대를 가고자 했다. 지금으로 말하면 농업고등학교 특별전형 같은 것이 있었다. 나는 성적이 좋아 서울대 농대 진학이 사실상 결정돼 있었다.

가을의 어느 날, 대학 입시를 앞둔 우리에게 담임 선생님이 이런 말씀을 하셨다. 선생님은 서울대 화학과를 수석 입학한 것으로 유명한 분이었다.

"너희가 명문대 가는 걸 최고라고 생각하는 거 안다. 그래서 나도 서울대를 갔다. 그런데 지금 이렇게 매일 너희와 입씨름만 하고 있다. 내가 지금 너희 나이라면 바다 계통 학교로 가 바다에서 새로운 길을 찾아보겠어."

이상하게 가슴이 뛰었다. 이전까지 관심도 없었던 '바다'라는 단어가 계속 귓가에 맴돌았다. '새로운 길'이라는 선생님의 표현 때문이었던 것 같다. 바다는 내가 모르던 세상이었고 그야말로 '새로운 길'이었다. 세상이 정해놓은 정답보다는 내가 답을 만들 수 있는 곳을 택하고 싶다는 생각이 들었다.

사실 나는 가난한 소작농의 11남매 중 장남으로 태어났다. 가까운 일가친척도 없었다. 집안에 풍족한 것은 거의 없고 무엇이든 먹어치우던 사내들 입만 많았다. 아버지는 "너희가 적게 먹어줘서 우리집 살림이 유지될 수 있었다"고 칭찬 아닌 칭찬을 자주 하셨다. 청소년 시절, 우리 형제들은 학교에 갔다 오면 배가 고파 먹을 것이 없나 하고 부엌과 곳간을 샅샅이 뒤졌다. 어머니는 우리가 찾는 것을 어딘가에 교묘하게 감춰놓는 능력을 보이셨다. 이런 어린 시절을 보냈기에 스스로 선택할 수 있는 일이 많지 않았다. 늘 주어진 책임을 성실히 수행해야 했고, 부모님의 일을 돕고 어린 동생들을 보살펴야 했다.

그것이 싫거나 원망스러웠던 것은 결코 아니다. 하지만 내 인생을 스스로 선택하고 만들어가고픈 바람이 있었던 것도 사실이다. 아마 그것이 '바다'라는 '새로운 길'에 가슴이 두근댄 이유였을 것이다.

수업이 끝나고 선생님에게 "바다 계통 학교가 뭐가 있습니까?"라고 물었더니 "나도 잘 모르겠다. 부산 쪽에 있다더라"고 답하셨다. 선생님도 별다른 정보를 가지고 있지 않다니, 다소 실망스러웠던 것도 사실이다.

하지만 괜찮았다. 선생님이 알려줄 수 없다면 내가 알아내면 그만이었다. 알아보니 당시 바다 계통 학교는 부산에 딱 두 개가 있었다. 하나는 국립한국해양대(이하 '해양대')였고, 다른 하나는 부산수산대(현 국립부경대, 이하 '수산대')였다. 당시 해양대는 학위가 나오지 않는 직업학교였기에 수산대를 선택했고, 전공은 그중 가장 인기가 좋은 어로학과로 결정했다. 내가 서울대를 가지 않고 수산대에 간다는 말에 아버지는 불편한 기색을 감추지 않으셨다.

"농사를 지으니 쌀은 보내주마. 부산은 바닷가라고 들었다. 반찬은 물고기를 잡아 알아서 해결해라."

농업고등학교와 농업대학교 출신 선생님들은 나를 교무실로 불러서 화를 내기도 했다. "농업고등학교를 나와서 뱃놈 대학이나 간다"며 배신자 취급하는 사람들도 있었다. 그러나 내 의지를 꺾을 수는 없었다. 평탄한 길보다는 험한 길을 궁금해하고 도전하고자 하는 나의 기질이 본격적으로 드러난 순간이 아마 이때였던 것 같다.

처음으로 내가 직접 선택해서 진학한 수산대였지만 입학했을 때는 조금 낙담했던 것이 사실이다. 멋진 캠퍼스 같은 것은 상상 속에나 있었다. 당시는 6·25전쟁 직후여서 본교는 UN군이 사용하고 있었고, 대학 수업은 판자로 지어진 임시 시설에서 진행됐다. 건물에 비가 새서 폭우라도 내리는 날엔 수업이 어려울 만큼 열악한 환경이었다.

무엇보다 바다가 예상과는 많이 다른 것이 문제였다. 실습차 동해, 서해, 남해를 다녔는데 남획으로 인해 어족 자원이 거의 절멸상태였다. 앞날이 어둡다는 판단이 들었고, 미래가 보이지 않았다.

'나는 무엇을 위해 서울대 같은 안정적인 길을 버리고 여기로 온 걸까?'

후회가 들었다. 지금이라도 다른 길을 알아봐야 하나

고민하기도 했다. 고시 공부를 시작할까도 생각해봤다.

그러던 중 우연히 신문 기사를 하나 봤다. 국내에서 첫 원양어선이 출항한다는 내용이었다. 우리 바다는 고기 씨가 말라가던 상황, 미지의 먼바다에서 물고기를 잡아올릴 수 있다니 상상만으로도 가슴이 벅차올랐다. 개인적으로도 꽤 많은 돈을 벌 수 있고, 국가적으로도 잡은 물고기를 수출해 달러를 벌어들일 수 있는 일이었다. '원양어업'은 피폐해진 연안사업에 대한 실망을 달래고, 젊은 수산학도가 새로운 꿈을 꿀 수 있게 해주는 단어였다.

무조건 원양어선을 타야겠다는 생각으로 신문에 나온 회사(제동산업)를 수소문했다. 부산 사무소에 무작정 찾아가서 나도 선원으로 채용해달라고 요청했다. 하지만 직원은 단번에 거절했다.

"대학까지 다니면서 무슨 그런 일을 하려고 해요?"

원양으로 첫 출항하는 만큼 베테랑 선원만 태우고 갈 계획이라고도 했다. 이후 몇 번을 더 찾아갔지만 답변은 바뀌지 않았다. 하지만 포기하지 않았다. 나도 참 집요한 성격이었던 것 같다.

내 집요함에 결국은 직원들도 마음을 바꾸고 말았다. 본사 임원이 부산으로 내려오니 그에게 부탁해보라는 이야기를 해준 것이다. 그가 묵는 여관(황금장)을 어렵게 알아냈다. 어떻게 부탁해야 할지 몰라 여러 사람에게 의견을 물었더니, 누군가 어려운 부탁을 할 때는 양담배를 가져가면 좋다고 조언해줬다. 외국 담배가 귀하던 시절이라 그랬을 것이다. 갖은 방법을 동원해 양담배를 구했고, 교수님에게도 지원사격을 부탁했다.

~~~~~~~

여러 번 회사를 찾아가다못해 본사 임원까지 만나고 교수님의 지원사격까지 가해지니, 결국 회사측도 마음이 움직이는 듯했다. 하지만 항해 경험이 없는 대학생을 국내 첫 원양어선에 태울 결심이 쉽지는 않은 듯했다. 결국 내가 승부수를 던졌다.

"배에 태워만 주신다면 무보수로 일하겠습니다."

"정말, 그래도 괜찮겠어요?"

"네, 일을 배울 수만 있다면 월급은 받지 않아도 괜찮
습니다. 항해에 필요한 보급품도 받지 않겠습니다."

"거참, 정말 일을 배우고 싶은 모양인 것 같긴 한데……
바다는 위험한 곳이에요. 늘 죽음의 위기가 도사리는
곳인 걸 알긴 해요?"

"알고 있습니다. 필요하다면 '설령 바다에서 죽어도 회
사에 책임을 묻지 않겠다'는 각서라도 쓰겠습니다."

꿈꾸던 바다에 갈 수 있다면 무엇이든 받아들이겠다는
각오였던 것이다. 결국 내 열정과 의지가 회사측의 마음
을 움직였다.

수산대를 졸업하면 갑종 2등 항해사 자격이 주어지지
만, 이를 포기하고 수습 선원으로 배에 오르기로 했다. 어
업에서는 '이론'보다 '실습', '학위'보다 '경험'이 중요하
다고 판단했기 때문이다. 또한 기회가 왔을 때 잡아야 한
다고 생각했다. 기회란, 잡기 힘든 물고기처럼 잠깐 머리

를 내밀었다 이내 사라지는 특성이 있다.

아마도 내게 여느 사람들과 조금 다른 점이 있었다면 이것일 듯하다. 하고 싶고, 해야 할 것 같은 일이 있으면 주저하지 않고 실행에 나섰다. 그런 면에서 다음의 말은 진리에 가깝다고 생각한다.

"시도하면 성공 확률은 50퍼센트지만, 시도하지 않으면 성공 확률은 0퍼센트다."

그렇게 1958년 마침내 원양어선에 올랐다. 바다 인생의 진정한 출발이었다.

이상하게 가슴이 뛰었다.

이전까지 관심도 없었던

'바다'라는 단어가 계속 귓가에 맴돌았다.

'새로운 길'이라는 선생님의 표현 때문이었던 것 같다.

바다는 내가 모르던 세상이었고

그야말로 '새로운 길'이었다.

세상이 정해놓은 정답보다는

내가 답을 만들 수 있는 곳을

택하고 싶다는 생각이 들었다.

목표

종착지를 그리고 있는가

目標

내가 탄 배는 참치잡이 국내 원양어선 1호인 '지남호'
였다. 남태평양, 즉 남쪽을 향하는 배라는 의미였다. 나를
뺀 열여덟 명의 선원은 모두 바다 경험이 풍부했고, 나는
그들 밑에서 1년간 닥치는 대로 일했다.

　선장 방 청소, 고기잡이 등 할 수 있는 일, 맡겨진 일은
뭐든 가리지 않고 처리했다. 때로는 며칠 연속으로 하루
20시간 넘게 일하기도 했다. 말 그대로 녹초가 되어 기절
하듯 잠들기도 여러 날이다. 무엇보다 바다 위 생활은 언

제 찾아올지 모르는 위험과 위기에 대비해야 했다. 예상
치 못한 폭우나 파도와 만나는 일이 빈번했기에, 배에서
하는 생활을 이렇게 부르기도 했다.

"바다에서의 삶은 철판 한 장 밑에 지옥을 깔고 사는
거야."

처음 탄 배지만 허드렛일만 도맡은 것은 아니다. 당시
는 위성항법장치가 없어 해와 별을 보고 위치를 계산해야
했는데, 여기에 필요한 텍스트가 영어였다. 영어를 아는
사람이라야 위치 계산을 할 수 있었다. 대학에서 영어를
배운지라 위치 계산이라는 중요한 일까지 맡아서 했다.

나는 고기도 잘 잡았다. 그 바닥에서 이름을 날린 것도,
다른 사람들보다 빨리 창업을 할 수 있었던 것도 '본업
(고기잡이)'을 잘했던 덕분이다. 지금도 어떻게 물고기를
잘 잡을 수 있었냐는 질문을 간혹 받는데, 답은 간단하다.

"공부했습니다."

고기를 잡으면 배를 갈라 뭘 먹었는지 살펴봤다. 그 먹이가 많은 곳에 참치들이 모여 있을 거라고 생각했기 때문이다. 어디서 어떤 크기의 참치가 잡히는지도 연구했다. 그렇게 집중에 집중을 한 결과 참치에 대한 이해가 높아졌다. 이 경험이 나중에 '참치를 잘 잡는 선장, 캡틴 킴 Captain Kim'으로 불리게 된 비결이다.

왜 그렇게 미친듯이 일하고 집중해서 공부했을까.

뭔가를 이뤄내야 한다는 생각이 강했던 것 같다. '대학생 신분을 포기하고 뱃사람으로 시작했으니 남들과 달라야 한다'라는 생각이 나를 집중의 상태로 이끌었다. 처음부터 열정이 넘쳤다고는 생각하지 않는다. 열정은 마음먹는다고 생기지 않는다. 자신을 다른 사람, 중요한 사람으로 만들기 위해 지금 하고 있는 일에 모든 힘을 다하면, 열정은 저절로 따라온다는 게 무급 실습 항해사의 경험이 준 교훈이다.

지남호의 첫 출항은 성공적이었다. 1959년 2월, 1년간의 치열한 항해를 마치고 돌아온 결과 우리는 9만 달러의

외화를 벌어들였다.

그리고 석 달 후인 5월 지남호는 두번째 항해를 위해 출항했다. 내 신분은 달라져 어엿한 일급 항해사였고, 월급도 200달러나 받게 되었다. 1958년은 1인당 국민소득이 80달러밖에 안 될 때였으니 꽤나 큰돈이었다. 지남호는 두번째 출항도 대성공이었고, 사모아에서 한국 어선의 명성을 날리고 돌아왔다.

~~~~~~~~

얼마 전 한 토론회에서 젊은 직원의 질문을 받았다.

"회사생활을 잘하려면 평소에 어떤 노력을 해야 합니까?"

나의 답변은 이러했다.

"나로 하여금 일하게 하는 구조를 만드는 것이 중요합

니다."

　'일하게 하는 구조'를 만드는 데 가장 중요한 것은 종착지다. 먼 미래, 내가 궁극에 도달할 곳을 구체적으로 상상해야 한다. 과녁을 보지 않고는 과녁을 맞힐 수 없다. 목표의식이 없으면 매일매일이 그저 그런 하루가 될 뿐이다. 생각해보자. 아무런 목표 없이 그냥 시간 되면 출근해 타성에 젖어 일하다 시간 되면 퇴근하는 사람이 과연 어떤 성과를 올릴 수 있을까.

　종착지, 즉 분명한 목표지점은 방향성과 길을 잃지 않도록 돕는 나침반이다. 일하다보면 좌절, 실패가 반드시 찾아오기 마련이다. 이에 어떻게 대처하느냐가 단순히 회사생활뿐 아니라 자기 인생 전체의 방향을 결정한다고 해도 과언이 아닐 것이다. 어려움을 이겨내면 패기와 성취감이 생긴다. 그것은 다음에 닥쳐올 난관을 극복할 힘이 된다.

　종착지를 정했다면 시기별 목표를 역순으로 설계해야 한다. 가령 60대까지 무언가를 이루겠다는 목표를 세웠다면, 그 목표에 도달하기 위해서는 50대쯤 어느 지점에 있어야 하는지, 무엇을 해야 하는지 설정할 수 있다. 40대까지는 무엇을 하고, 30대에는 무엇을 해야 하는지가 구체적으로 드러난다.

정리하자면,
최종 목표를 명확하게 그려야 한다.
그리고 역순으로 내가 할 일을 계획하고 실행해야 한다.
먼 미래라도 구체적으로 상상하고 꿈꿔야 한다.

오늘의 막막함과 모호함을 이겨내는 힘은 내일의 구체성에서 나온다. 목표지점이 분명해야 방향성과 길을 잃지 않는다. 그리고 일을 즐길 수 있다.

~~~~~~

종착지로 삼을 목표는 구체적이고 분명해야 하지만, 동시에 원대해야 한다. 때로는 거창해 보이는 목표가 나를 그곳으로 이끌도록 독려한다는 것을 나는 감각적으로 느끼고 있었다. 회사 이름을 지을 때부터 그랬던 것 같다.

1969년 회사를 차리고 사업을 시작했다. 물론 어업 회사였다. 물고기를 잡는 회사의 이름에는 당연히 '수산'을 붙이던 시절이었는데, 나는 '동원수산' 대신 '동원산업'이라는 회사를 만들었다.

물고기를 잡는 수산업자가 내 종착지라고 생각하지 않았기 때문이다. 지금은 산업이라는 말이 다소 촌스럽게 느껴질 수도 있겠지만, 그 당시에는 광범위한 일을 한다는 느낌을 넘어 글로벌 시장을 공략한다는 느낌까지 주는 단어였다. 일본에서 배를 임차해 사업을 시작했지만 내가 그린 종착지는 바다에만 갇혀 있지 않았기에 '수산' 대신 '산업'이라는 단어를 회사명에 넣은 것이다.

동원수산이 아니라 동원산업으로 회사 이름을 지은 데는 일본 종합상사들의 영향도 있었다. 나는 회사 설립 이전에 일본 종합상사들과 일을 많이 했는데, 해외에서 고기를 잡으면 국내에 들여오지 않고 현지에서 일본 종합상사들에 대부분을 판매했기 때문이다. 그들과 많은 접촉

이 있을 수밖에 없었고, 회사를 설립해 직접 사업을 해보라고 조언한 것도 일본 종합상사 경영자들이었다. 미쓰비시, 이토추 등 당대 최고의 종합상사들이 사업 파트너였고, 그들은 주로 세계를 대상으로 무역을 했다. 일본 종합상사 간부들과 자주 접하다보니 내 시야도 더 넓어졌고, 좀더 개념을 크게 갖고 목표를 설정해 동원산업이라는 이름을 결정한 것이다.

~~~~~~~~

　창업 후 산업이라는 이름에 걸맞은 회사가 되기 위해 무엇을 해야 할 것인가를 고민했다. 일단 현재 시작하는 분야, 어업에서 1등을 하는 것이 중요하다는 생각이 들었다. 지금도 동원은 수산업으로는 세계에서 제일 큰 회사다. 동원이 참치를 세계에서 가장 많이 잡는 회사라는 사실은 말할 것도 없다.

　수산업에서 자리를 잡은 후에는 동원 참치캔을 내놓으며 제조업에 진출했다. 그때나 지금이나 이 분야에서 세계 최대의 회사는 미국 스타키스트다. 미국에서 스타키스트 참치, 하면 모르는 사람이 없을 정도다. 스타키스트는 동원산업 창업 초기 원양에서 물고기를 잡아 납품하던 회사이기도 한데, 이 회사가 지금은 어떻게 됐을까. 동원이 성장해 그 회사를 인수했다. 현재 동원의 계열사다. 그렇게 동원은 세계 참치캔 1위 업체가 됐다.

큰 목표를 정하고 지금 할 수 있는 일에 모든 것을 쏟아부은 결과 오늘의 동원그룹을 만들었다. 수산업, 제조업, 그리고 금융업을 아우르는 회사가 된 것이다.

한 사람의 인생도 마찬가지가 아닐까. 요즘 젊은이들은 꿈이나 목표가 없다는 말을 많이 듣는다. 인생에서 목표가 없다는 것은 목적지를 정하지 않고 항해하는 것이나 마찬가지다. 이 배가 제대로 가고 있는지 알 수 있는 방법은 단 하나, 목표지점과 가까워지고 있는가다. 즉 목표가 없다면 현재 자신이 지나고 있는 지점이 맞는지 틀리는지 판단할 수 없게 된다. 한참을 가다 여기가 아니었네, 하며 돌아와서 다시 출발하려면 그에 들어가는 시간과 비용은 어마어마할 것이다.

나의 직업은 여러 번 바뀌었다. 무급 선원에서 항해사, 항해사에서 선장, 선장에서 수산업체 부장, 부장에서 임원이 되었다. 그리고 회사를 차려 사장이 됐고, 회장이 됐다. 지금은 창업자라는 명함을 가지고 다닌다. 한 단계 한 단계 쉬운 과정은 없었다. 그러나 이를 고통스럽게 느끼지 않고 여기까지 올 수 있었던 것은 목표가 분명했고, 그 목표에 한 발 한 발 다가간 결과가 아닐까 싶다. 이 과정에서 뭔가를 이뤄낸 성취감이 큰 동력이 된 것도 분명하다.

인생에서 목표가 없다는 것은
목적지를 정하지 않고 항해를 하는 것이나 마찬가지다.

이 배가 제대로 가고 있는지
알 수 있는 방법은 단 하나,
목표지점과 가까워지고 있는가다.

즉 목표가 없다면
현재 자신이 지나고 있는 지점이 맞는지 틀리는지
판단할 수 없게 된다.

변화

이 시대에는 누가 성공하는가

變化

수산대를 졸업하고 선장을 거쳐 한 회사의 수산부장으로 일할 때다. 직원이 파란색, 빨간색 진표를 가지고 오는데 도대체 이게 뭔지 알 길이 없었다. 복식부기, 쉽게 말해 재무제표의 옛날 버전 비슷한 것이었다. 이것을 제대로 이해하지 못하면 회사 돌아가는 상황을 모를 수 있겠구나 싶었다. 당장 주변 직원들의 도움을 받아 공부를 시작했다. 그러면서 깨달은 것이 숫자의 중요성이다. 기업을 경영한 결과는 숫자로 나타나고 숫자로 판단된다는 사실도 그때 알았다.

또한 이 숫자는 선원들의 사기에도 큰 영향을 미쳤다. 물고기를 잡은 성과를 배분할 때 정확한 수치를 토대로 성과급을 나눠 제대로 인정해준다면 선원들은 더 열심히 고기를 잡을 것이었다. 하지만 제대로 배분되지 않으면 '굳이 내가 열심히 일할 필요가 있겠는가'라는 생각을 하게 만들 것이었다.

이렇듯 수산부장 시절 전표를 통해 숫자가 기업경영의 기초임을 체득했기에, 동원산업을 세운 후 직원들에게 회계 자료를 공개했다. 회사가 번 돈을 어떻게 배분하는지 알면 자연스레 충성도와 자부심이 높아지리라 판단했던 것이다. 요즘 말로 하면 직원과 주주에게 모든 것을 투명하게 공개하는 투명경영이었다. 동원이 지금까지 회계적으로 큰 문제를 일으키지 않을 수 있었던 배경은 그때 숫자에 대한 학습에서 시작됐는지도 모르겠다.

바다에서 오랜 기간 일해 경영을 제대로 모른다는 아쉬움은 상당 기간 머릿속을 떠나지 않았다. 결국 1968년 고려원양에서 근무하던 고려대 경영학과를 졸업한 직원을 불러 솔직히 말했다.

"수산대를 나와 기업경영을 잘 모른다. 앞으로 일하려면 경영학을 배워야겠다. 고려대 연구과정에라도 입학하고 싶으니 자세히 알아봐달라."

경영과 공부를 병행하기란 특별한 각오 없이는 불가능한 일이었다. 바쁜 와중에도 최선을 다해 고려대 연구과정을 이수했지만, 그럼에도 배움에 대한 갈증은 다 채워지지 않았다. 그리고 세월이 흘러 1978년, 나 개인의 삶에서, 나아가 동원그룹의 역사에서 중요한 사건 하나가 벌어진다.

그해 나는 서울대 최고경영자과정Advanced Management

Program, AMP에 입학했다. 회사가 성장함에 따라 뭔가 부족하다는 느낌이 들었고, 다른 분야에서 일하는 사람들과의 교류를 통해 배울 게 있으리라는 생각이었다. 전혀 다른 영역의 결과물이 합쳐져 완전히 다른 성과를 내는 것, 지금은 이를 '융복합'이라고 부른다. 이를 잘 증명하는 말이 하나 있다.

"세상의 위대한 발명의 상당수는 교수 연구실이 아니라 휴게실에서 탄생했다."

각자가 자신의 연구 결과를 가지고 가볍게 토론하는 자리에서 아이디어의 결합이 이뤄지고 새로운 아이디어가 싹텄다는 뜻이다. 지금 동원에서 직원들에게 자신의 분야에만 한정하지 말고 문사철을 공부하도록 독려하는 이유이기도 하다. 다른 분야와 교류가 없으면 발전에는 한계가 있다. 어족 자원이 한류와 난류가 만나는 곳에 풍부한 것과 같은 이치다.

그렇게 서울대 AMP를 하면서 다른 영역의 경영자들과

교류할 기회를 가지며 배워가던 어느 날, 한 교수님의 한 마디가 뇌리에 꽂혔다.

"하버드대에서는 '케이스 스터디'를 중심으로 가르칩니다."

케이스 스터디가 뭘까, 호기심이 발동했다. 지금은 많이 쓰지만 당시에는 흔하지 않은 단어였다. 그 말이 이후에도 계속 귓가에 맴돌았다.

미국에는 "경영자는 호기심 많은 10대와 비슷하다"는 말이 있는데, 실제로 새로운 것에 대한 호기심은 인생에 걸쳐 나를 지배한 단어라고 할 수 있다. 케이스 스터디란 새로운 단어도 끌렸고, 영어를 제대로 배운 적도 없어 미국에서 공부하는 과정이 필요하겠다는 생각이 들었다. 도대체 거기서 뭘 가르치는지도 알고 싶었다.

배에서 중요한 판단을 할 때 조금이라도 머뭇거리면 생사의 고비에 처하게 된다. 오랜 기간 바다에서 일한 나는 빠른 판단과 실행이 몸에 배어 있었다. 배움에 대한 욕구와 바다에서 몸에 밴 제2의 본능은 결국 나를 하버드대로 이끌었다.

　하버드에 갈 수 있는 방법을 수소문한 결과, 하버드대 AMP가 있다는 사실을 알아냈다. 각 국가별로 할당된 자리가 있었는데 일본은 4개였고 한국은 2개밖에 없었다. 그나마 한 자리는 정부 관료의 몫(최각규 전 부총리)이었고, 다른 자리 하나가 기업인에게 주어졌다. 하버드대에 가려면 추천서가 중요하다는 정보를 입수한 나는 오래전부터 좋은 관계를 맺고 있던 미쓰비시상사의 마키하라 미노루 전 회장에게 추천서를 부탁했다. 그는 당시 수산부장이었고 하버드대의 우등 졸업생으로 영향력을 가지고 있었다. 마키하라 전 회장은 오히려 나를 걱정해줬다.

"사장이 회사를 13주나 비워도 괜찮겠습니까?"

"괜찮습니다. 이 13주가 이후 13년, 아니 130년을 좌
 우할 수도 있으니까요."

질문은 이어졌다.

"영어는 할 줄 아십니까?"

"영어는 가서 공부하면 됩니다."

돌아보면 참 무모했다 싶다. 하지만 평탄이나 순탄과는
거리가 먼 삶을 살아온 내게는 익숙하고 자연스러운 일이
었다. 다만 이 무모한 시도가 훗날 동원그룹이 성장하는
데 엄청난 도움을 줄 거라고는 그때는 상상하지 못했다.

여담이지만 마키하라 전 회장은 이 추천서를 써준 과
정을 〈니혼게이자이신문〉에 기고하기도 했다. 이때뿐 아
니라 가끔 할까 말까 고민될 때마다 나는 대부분 하는 쪽
으로 움직였다. 이를 모험이라고 부를 수도 있고, 경험이
라고 부를 수도 있고, 도전이라고 할 수도 있다. 그 과정

에서 실패도 꽤 있었지만, 하고 후회하는 것이 안 하고 후회하는 것보다 낫다는 생각에는 변함이 없다.

~~~~~~

내가 하버드대 AMP에 입학한 1981년, 한국의 경제 상황은 무척 좋지 않았다. 1980년 1위 수출 품목은 의류였고, 주식 시장은 겨우 걸음마를 뗀 수준이었으며, 1인당 국민소득은 1,700달러에 불과했다. 당시 대학생들은 주산을 배우러 다녔고, 타자기가 귀해 기업들은 손으로 장부를 기입하던 시절이다.

미국은 달랐다. 오일쇼크를 벗어나며 활기찬 분위기를 되찾고 있었다. 또한 1970년대 일본 기업들이 미국 시장을 잠식함에 따라 이에 대응하기 위한 미국 기업들의 다양한 전략이 쏟아지고 있었다. 산업적으로 보면 개인용 컴퓨터 시장이 열리기 시작했다. 레이건 행정부가 들어선 직후여서인지, AMP는 새로운 비즈니스 기회를 찾으려는 기업인들로 북적였는데, 시대 변화에 적응하기 위한 미국

기업들의 다양한 시도가 소개됐다.

어느 곳이나 자본주의에서는 돈에 따라 사람이 움직인다. 자본주의 종주국이라 할 수 있는 미국은 더더욱 그렇다. 인재들이 몰리는 곳을 보면 미래에 돈이 어디로 흘러갈지가 보인다. 그렇기에 미국에서 젊고 똑똑한 인재들이 증권사로 몰려가고 있다는 얘기는 놀라울 수밖에 없었다.•

당시 한국에서 증권은 사기꾼들이나 하는 것처럼 여겨졌기에 더욱 그랬다. "주식에 손대면 집안이 망한다"는 얘기는 오랜 기간 한국 사회에서 회자됐다. 한국에서

• 미국 증권사들은 1970년대에 큰 변화를 겪었다. 각종 규제 완화로 미국 내 증권사 간 경쟁이 격화됐다. 증권사들은 새로운 시장을 찾아나섰고, 그중 하나가 때마침 열린 적대적 인수합병 시장이었다. 기업이 만든 물건이나 주식이 아니라 기업 자체가 시장에서 다양한 방법으로 거래되기 시작한 것이었다. 증권사들은 적대적 인수합병이나 주식 발행 등을 주선하며 큰돈을 벌기 시작했다. 이들은 때로는 기업의 우군이 되기도 했고, 적대적 인수자 편에 서서 회사를 노리는 적이 되기도 했다. 골드만삭스 등은 이 시기 비약적 성장의 발판을 마련했다.

는 주식을 사고파는 것조차 손가락질받는데 미국에서는 인재가 몰린다니 증권산업은 도대체 어떤 매력이 있을까 궁금했다.

"언젠가 한국도 인재들이 증권사로 몰리는 시기가 오겠구나. 동원도 기회가 되면 증권업을 해보면 어떨까."

1958년 처음 원양어선을 탄 이후 계속 해외를 다니면서 얻은 교훈 가운데 하나가 선진국의 오늘이 한국의 내일이라는 것이었다. 이미 미국은 1차, 2차 산업을 넘어 3차 산업 중심의 사회로 변화하고 있었다. 미국이라는 거울에 비춰본 한국, 그중 동원은 한참 뒤처져 있다는 생각이 들었다. 아직도 동원의 비즈니스는 물고기를 잡아서 파는 1차 산업에 머물러 있었기 때문이다.

1차, 2차, 3차를 합쳐 동원이 6차 산업을 하면 어떨까 하는 상상도 해보았지만, 언제 실행할 수 있을지는 요원하기만 했다. 그럼에도 나의 호기심을 자극한 단어, '증권사'는 머릿속에 담아두기로 했다.

하버드대 AMP를 마치고 서울로 돌아오고 얼마 지나지 않아 한신증권이란 회사가 매물로 나왔다는 소식을 듣게 됐다. 미국에 다녀오지 않았다면 증권사 매각 소식은 신문에 난 수많은 뉴스와 함께 흘려보냈을 것이다. 하지만 인재들이 증권사로 몰리는 미국의 현실을 마주한 직후였기에 놓칠 수 없는 기회라는 직감이 들었다.

적정한 가격에 인수하기로 결정하고 동원이 인수할 수 있는 체력이 있는지 검토에 들어갔다. 남아 있는 유보금이 50억 원 정도 있었고, 한신증권의 예상 인수가는 70억 원이었다. 모자란 20억 원도 크게 무리하지 않고 마련할 수 있다는 계산이 나왔다.

배 한 척을 사려던 비용으로 새로운 사업, 그것도 3차 산업에 진입할 수 있다는 결론에 이르자 입찰에 뛰어들지 않을 이유가 없었다. 우리 회사는 경쟁자들에 비해 이름이 알려져 있지 않았지만 문제가 되지 않았다. 모든 입찰에서는 금액이 가장 중요하기 때문이다.

우리는 71억 2,000만 원을 입찰가로 써냈는데 치밀한
계산 끝에 나온 금액이었다. 다들 70억 원 선을 인수가로
잡았기에 낙찰을 받으려면 1억 원 정도 더 써내야 한다
는 것은 예측 가능했다. 우리는 여기에 2,000만 원을 더
하면 경쟁자들보다 추가비용을 많이 들이지 않고 인수할
수 있으리라 판단했다. 예상은 적중했고, 동원은 한신증
권 인수에 성공했다.

증권업은 돈 먹는 하마와 비슷했다. 1982년 인수 당시
자본금 50억 원에서 1989년 1,620억 원으로 늘어날 때까
지 바다에서 번 돈을 한신증권 성장에 투자했다. 증권사
는 생각만큼 빠르게 성장하지 않았기에 약 10년간 투자
와 기다림의 시간이 이어졌다.

그렇게 버티고 재무구조를 건전히 하면서 1996년 '동원
증권'으로 상호를 바꿨고, 2005년 한국투자증권을 인수한
결과 현재 한국투자금융그룹으로 성장했다.* 핵심 자회사
인 한국투자증권은 작년 순이익만 1조 원을 넘어서는 성
과를 거뒀다. 또 국내 증권사 가운데 최초로 자기자본이
10조 원을 넘어서는 회사로 성장했다. 자본금 50억 원으

로 시작해 42년 만에 2,000배 커진 것이다.

  "모든 것이 변한다는 사실 이외에는 모든 것이 다 변
  한다."

고대 그리스 철학자 헤라클레이토스의 이 말은 진실이
다. 우리는 이 변화에 적응해야 생존할 수 있다. 나는 '기
업은 환경적응업'이라는 말을 자주 하는데, 즉 변화를 감
지하고 이에 적응해야 기업활동의 기본인 이윤 추구가
가능하다고 생각한다. 適者生 不適者亡(적자생 부적자망)의
법칙은 개인이나 기업 모두에게 적용되는 말이라고 할
수 있다. 선택하고 도전하고 변화에 적응하는 것이 인간
의 삶이자 기업의 운명이다. 나는 항상 그런 생각을 하며
살아왔다.

• 한국투자금융지주는 증권을 비롯해 저축은행, 캐피탈, 자산운용, 벤
  처캐피탈, 부동산신탁, 프라이빗에쿼티 등 10개 자회사를 보유하고
  있다.

동원이 한국투자금융을 키워온 과정을 돌아보면 몇 가지 생각해볼 만한 대목이 있었다. 가장 먼저 떠오르는 것은 초창기 실시한 차등 인센티브 제도다. 지금은 증권뿐 아니라 업종을 가리지 않고 대부분 인센티브 시스템을 실시하고 있다. 증권사나 IT업체에서 사장보다 임금을 더 받는 사람들이 누구인지에 대한 뉴스도 심심치 않게 나온다.

하지만 1980년대 초중반은 사회도 그렇고 기업도 그렇고 집단주의적 성향이 있던 시절이었다. "A기업은 보너스 200퍼센트 받았다, B기업은 100퍼센트밖에 못 받았다" 같은 얘기가 연말이면 화제에 올랐다. 어느 날 의문이 들었다. 인재들을 스카우트해놓고 제대로 성과를 인정해주지 않으면 그들이 계속 남아 있어야 할 이유가 있을까. 이런저런 고민을 하다가 생각이 여기에 이르렀다.

'배에서도 많이 잡으면 많이 받고, 적게 잡으면 적게

받는 제도가 있는데……'

이를 보합제라고 부른다. 어업을 통해 얻은 이익을 선
주와 선원이 협의를 통해 배분하는 것이다. 어업에서도
차등 인센티브 제도가 적용되는데, 증권업에서도 이 제도
가 필요하다는 판단이 들었다.

"배에서도 선원이 물고기를 많이 잡으면 돈을 많이 벌
고, 적게 잡으면 적게 번다. 증권사에도 이 시스템을
도입하라."

노조가 반발했다. 그래서 직접 노조를 만나 설득했다.
월급은 월급대로 주고 인센티브는 별도로 주는 것이라
고 설명했다(참고로 보합제에서는 월급이 최소한의 생활비
정도였다).

그렇게 우리는 차등 인센티브 제도를 도입한 최초의
증권사가 됐다. 원양어업에서 증권업에 적용할 아이디어
를 얻은 셈이다. 이후 직원들에게 어떤 생각과 아이디어

가 필요할 때 여러 분야의 경험과 생각을 섞어보라고 말한다. 어떻게 혼합하느냐에 따라 전혀 다른 결과가 나올 수 있기 때문이다.

이렇게 탄생한 차등 인세티브 제도는 당시 금융감독 당국과 증권업계에서 엄청난 화제가 되었다. 여기에 사장에게는 주식을 성과급으로 주는 스톡옵션제도 부여했다. 이때부터 '동원증권은 앞서가는 증권사'란 인식이 생겼고, 이는 1980년대 후반 '3저 호황'으로 경제가 성장하고 증권업이 폭발적으로 성장할 때 많은 인재가 동원으로 몰려드는 계기가 됐다.

~~~~~

동원증권을 키워가는 과정은 자본금을 계속 늘려가야 해서 쉽지만은 않았다. 하지만 운도 따랐다. 한신증권을 인수한 후 직접 영입한 김정태 전 주택은행장의 공로가 컸다. 1986년 사장에 오른 그는 1996년 무차입경영을 선언했다. 증권사들도 매일 자금 수요를 맞추기 위해 단기적으로 빌려 쓰고 갚는 돈이 수천억일 때였다. 나는 그의 결정을 전적으로 지지했다.

이 무차입경영은 외환위기에 동원증권을 버틸 수 있게 해줬다. 그해 말 외환위기가 터지자 수많은 기업이 이자 비용을 감당하지 못하고 휘청거렸다. 대형 증권사들도 줄줄이 적자를 냈다. 그러나 동원증권은 흑자를 내면서 회사를 키울 기반을 마련했다. 새로운 인수를 준비할 수 있게 됐다는 말이다.

외환위기는 한국 증권업 지도가 바뀌는 계기가 됐다. 이전까지 증권사는 고객들을 대리해 주식을 사고팔거나 채권을 발행해주는 일을 하는 정도였다. 이런 시장에 외환위기를 계기로 들어온 외국계 투자은행IB들은 다양한 투자 기법과 파생상품, 인수합병 등으로 한국 시장을 휘저었다. 이제야말로 증권은 전문가들이 해야 하는 일이라고 판단했다. 이에 2000년대 초, 동원증권을 계열 분리하기로 결정했고, 증권을 잘 아는 장남에게 경영을 전적으로 맡겼다. 그리고 2005년 한국투자증권을 인수했고, 지금은 증권업체 중 가장 이익을 많이 내는 업체가 됐다.

돌아보면 수산업체가 증권사를 인수한 것도, 증권업체에 차등 인센티브 제도를 도입한 것도, 증권사가 무차입 경영을 한 것도 모두 최초란 점에서 한국투자금융의 성공도 도전의 결과라고 해석해도 무리가 없을 것 같다.

그리고 여기에 한 가지를 더하자면 직원들의 성과를 제대로 인정하고, 그에 따른 보상을 함으로써 직원들에게 보람과 성취감을 안겨주고 적극적 동기를 부여한 것도 언급하고 싶다. 2017년 동원산업의 한 선장은 CEO인 사장 연봉의 3배에 육박하는 12억 7,000만 원의 연봉을 받아 수산업계 역대 최고액을 기록했다. 당시 그는 〈조선일보〉와의 인터뷰에서 "열심히 하면 신참도 연봉 1억 원을 받는다"고 밝히기도 했다. 한국투자증권 역시 마찬가지다. 2018년 투자 관련 부서 팀장을 맡은 한 차장이 사장은 물론 오너인 부회장마저 제치고, 가장 많은 연봉(22여억 원)을 받아 화제에 오르기도 했다. 열심히 제대로 일하면 직원이 사장보다 더 벌 수 있는 회사, 그것이 동원, 그리고 한국투자증권이라고 자신하는 이유다.

"모든 것이 변한다는 사실 이외에는

모든 것이 다 변한다."

고대 그리스 철학자 헤라클레이토스의

이 말은 진실이다.

우리는 이 변화에 적응해야 생존할 수 있다.

나는 '기업은 환경적응업'이라는 말을 자주 하는데,

즉 변화를 감지하고 이에 적응해야

기업활동의 기본인 이윤 추구가 가능하다고 생각한다.

실패

포기도 능력이라는 사실을 아는가

失敗

동원그룹에 대한 세간의 평가는 '탄탄하다'는 것이다. 바다를 기반으로 한 주력 사업에서 수십 년간 1등을 고수하며, 안정적으로 사업을 꾸려왔기 때문이라고들 한다. 2008년 세계 1위 참치캔 회사 스타키스트를 인수하며 입지가 더욱 단단해졌다는 평도 있다.

　여담이지만 사실 스타키스트 인수 역시 일정 부분은 하버드대 AMP에서 비롯된 것이라 할 수 있다. 하버드에서 얻은 또하나의 배움은 국민소득에 따른 소비의 변화였다. 국민소득 1만 달러에는 차를 바꾸고, 2만 달러에는 집을 바꾼다. 그렇다면 국민소득 2,000달러 때 일어날 변화는 무엇일까. 찾아보니 냉장고 등을 갖추게 되어 식생활이 개선된다는 것이었다. 2차 산업에 대한 아이디어가 떠올랐다.

'스타키스트 같은 참치캔 사업을 해보면 어떨까.'

귀국길에 스타키스트 공장에 들러 시설을 둘러봤다. 참치캔을 만드는 것은 크게 어려운 제조 과정이 아니라고 느껴졌다. 그렇게 '동원참치'가 탄생했고, 그로부터 수십 년 후에는 아예 스타키스트를 인수하여 세계 1위 참치캔 회사가 될 수 있었던 것이다.

그러나 현재 동원의 사업 포트폴리오를 보면 그 영역이 비단 바다에만 국한되어 있지 않다. 나는 오래전부터 이렇게 강조해왔다.

"본업을 버리는 자는 망하고, 본업만 하는 자도 망한다."

동원은 포트폴리오를 다각화해온 결과, 현재 원양어업과 수산물 가공 외에 물류 컨테이너 터미널, 축산, 가정간편식 등의 사업, 나아가 2차전지 소재 부품 등의 사업도 하고 있다. 특히 포장재는 동원이 점유율 1위를 차지하고 있는 분야다.* 전혀 다른 업종인 증권업도 한국투자증권이 굳건히 자리를 잡고 있다.

우리는 '기업은 환경적응업'이라는 나름의 정의를 바탕으로, 새로운 시대에 필요한 것이 있다면 뭐든 시도하고 도전하고 있다. 어떤 상황에서든 성장할 수 있는 다이내믹한 포트폴리오를 갖추는 게 우리의 목표다.

~~~~~~

• 동원그룹 계열사 중 하나인 동원시스템즈는 종합패키징 및 소재 회사로 병, 캔, PET, 파우치 등을 생산하고 있다. 특히 유리병은 국내 주류 시장의 약 40퍼센트, PET병은 약 30퍼센트의 시장 점유율을 차지하고 있다. 이와 함께 2차전지 소재 부품인 양극박과 원통형 캔, 파우치도 생산하고 있다.

다양한 분야로의 도전은 어제오늘의 일이 아니다. 그래서 그간 실패한 사업도 부지기수다. 실패는 했지만 후회는 하지 않는다. 준비와 과정은 실패했을지언정, 결과적으로 완전히 실패하지는 않았기 때문이다. 또한 실패하지 않는 도전이란 있을 수 없으며, 도전이 많으면 실패가 많은 것은 당연한 일이다. 요리를 하지 않으면 접시를 깰 일도 없는 것과 같은 이치다.

실패가 두렵고 무서워 아무것도 '하지' 않으면, 아무것도 '되지' 못한다.

실패를 경험하는 것, 그 실패를 연구하고 분석해 대안을 마련하는 것이 궁극적으로 실패 확률을 낮추는 지름길이다. 그래서 우리의 실패 경험을 나눠보고자 한다. 많은 젊은이가 자신감 있게 도전에 나서기를 응원하면서 말이다. 우리가 실패를 거듭하며 얻은 가장 중요한 결론부터 말하자면 '준비에 실패하는 것은, 실패를 준비하는 것'이다.

동원은 강원도 영월 등에 조각난 땅을 보유하고 있다.

말이 땅이지, 여러 군데의 산을 조금씩 갖고 있는 것이다. 수산업을 하는 회사가 전국에 땅을 갖고 있다니, 좀 이상하지 않은가? 그 배경에는 동원의 가장 큰 실패로 기록된 카메라 사업이 있다.

1977년 동원은 카메라 사업에 도전장을 내밀었다. 제주도 여행을 갔다가 사람들을 유심히 보니 카메라를 한 대씩 들고 있었다. 수산업이 자리를 잡으며 신사업 아이템을 찾고 있던 내게는 기회로 보였다.

'소득이 증가하면 더 많은 사람이 카메라를 살 것 아닌가.'

지금이야 대부분 스마트폰으로 사진을 찍지만, 그때는 필름카메라를 가진 사람도 많지 않았다. 카메라 한 대당 가격도 비싸고 부피도 작아 부가가치가 매우 높아 보였다. 이후 조사를 해보니 일본도 캐논, 미놀타 등 중견기업 카메라가 유명했다. 일본에서 대기업이 안 하는 사업이니 국내에서도 대기업이 진출하지 않는다면 승산이 있겠다

싶었다. 한국이 독자적으로 생산하는 카메라가 없으니 수출도 할 수 있고 말이다.

평소 믿고 있던 토인비의 문명서천설(인류의 문명이 태양의 이동 방향과 함께 서쪽으로 이동한다는 설)도 사업을 하라고 부채질을 했다. 카메라는 영국에서 시작해 독일로 갔다가 독일에서 일본으로 건너온 것이다. 이제 일본에서 한국으로 왔다가 다음은 중국으로 갈 것이다. 한국에서는 동원이 기회를 잡아보자는 생각에 이르렀다.

카메라 사업 진출을 결정한 후 회사명도 직접 지었다. 오리온광학. 오리온은 원양어선을 탔을 때 가장 좋아했던 별자리다. GPS가 없던 시절 선장이 별을 보고 현재 배의 위치를 파악할 때 활용하던 성좌였는데, 가장 빛나는 별이었다. 그렇게 회사명을 정한 후 1978년 교환렌즈 생산을 시작했다. 이어 1983년 현미경, 1984년 펜탁스 카메라를 생산하는 데 성공했다.

하지만 사업성을 검토할 때 몇 가지 판단 실수가 있었다는 것을 뒤늦게 깨달았다. 카메라에는 엄청나게 많은 부품이 필요한데, 당시 국내에는 렌즈 등 부품을 댈 수 있는 업체가 별로 없었다. 또 카메라 사업이 단순 조립이 아니라 기술집약형 산업이라는 점을 간과했다. 광학은 셔터 렌즈 코팅 등을 정밀가공해야 하기에 높은 기술력을 갖춘 가공업자들이 많이 필요한 업종인데, 국내에는 이런 업체가 거의 없었다.

이런 이유로 카메라 생산이 늦어졌고 사안을 해결하는 것만으로도 벅찬 상황에서 대기업이 이 시장에 뛰어들었다. 전자업의 본질이 부품사업임을 간과했고, 어떤 경쟁자가 들어와도 1등을 할 수 있는 사업인지에 대한 엄밀한 판단을 하지 못했던 것이다. 이 실수로 내 인생에 가장 큰 위기가 찾아왔다.

～～～～～

경쟁사인 대기업은 시장을 장악하기 위해 자금으로 밀어붙였다. 당시 카메라는 비싼 물건이었기 때문에 전문 판매상을 통해 전부 현금으로 거래했는데, 그 기업은 점유율을 높이기 위해 외상으로 판매상에게 카메라를 공급했다. 처음에는 한 달 외상을 줬다. 울며 겨자 먹기로 우리도 그렇게 했다. 경쟁사는 멈추지 않았다. 동원이 따라가면 외상 기간을 계속 늘렸다. 3개월, 6개월, 1년으로 점차 외상 기간이 늘어났고, 동원도 따라가지 않을 수 없었다.

그냥 외상으로 주면 제품값을 떼일 염려가 있었다. 그래서 카메라를 주고, 땅을 담보로 잡았다. 지금도 동원이 전국 방방곡곡에 산과 논을 갖고 있는 이유다. 지금까지 그 땅들이 팔리지 않은 것을 보면 당시 직원들이 직접 가보지도 않고 담보로 잡은 것이 분명하다. 얼마나 급하게 사업을 했는지 알 수 있다. 그렇게 카메라 사업을 하며 입은 손실이 70억 원이다.

자본금 30억 원짜리 회사가 70억 원 손실을 봤다면 말다 한 것 아닌가. 지금은 추억으로 회상할 수 있지만 당시에는 엄청난 위기였다.

그때 얻은 교훈이 아무리 전망이 밝은 사업이라도 어떤 경쟁자가 있는지를 파악하는 게 중요하다는 사실이다. 경영학의 스승 마이클 포터 교수가 말한 경쟁우위 전략을

몰랐기에 겁없이 버티다 크게 깨졌다. 지금도 경영진이 신사업을 하겠다고 들고 오면 하는 질문이 있다.

"그 사업을 하면 우리가 이길 수 있어? 가면 1등 할 수 있어?"

그때 뼈저린 경험을 한 영향이다. 하지만 후회는 하지 않는다. '준비에 실패한 것이 실패를 준비한 것'이라는 교훈을 얻은 도전이었지만, 분명 의미는 있었다. 당시 우리는 우리나라에서 카메라를 가장 먼저 만든 기업 가운데 하나였다. 지금도 학교에 가면 오리온 현미경이 있는데, 오리온 현미경은 한때 시장점유율 30퍼센트를 차지할 정도였다.

~~~~~~~~

1969년 사업을 시작할 때 한 선배가 조언을 해줬다.

"사업을 하더라도 가족들 굶지 않게 대책을 세워놔라."

최악의 상황에 대한 대비책을 마련하라는 얘기였다. 죽을힘을 다해 일을 해도 안 되는 경우가 있기 때문이었다. 선배 말을 듣고 곰곰이 생각했다.

'사업이 망하면 가족들은 어떻게 먹여 살릴까. 무슨 대책이 있을까.'

별다른 게 없었다. 사업을 하다 쫄딱 망하면 할 수 있는 일은 다시 배를 타는 것뿐이었다. 선장 월급이면 그래도 먹고사는 데는 지장이 없으리라는 생각에 이르자 마음이 조금 편해졌다. 배를 타려면 선원 자격이 있어야 한다. 이 자격을 증명하는 게 선원수첩이다. 유효기간도 있고 갱신하려면 신체검사도 계속 받아야 하고 만료가 되면 새로 신청해야 한다. 최악의 상황에 대비해 선원수첩을 보관하고 있었다. 유효기간이 지나면 새로 신청하고 신체검사도 계속 받았다. 사업을 시작한 후 10년간 선원수첩을 유지

했다.

이때 나름의 사업적 원칙이 확립됐다. 선배의 말은 사업을 하면서, 특히 신사업을 할 때 가장 중요한 원칙 가운데 하나가 됐다. 새로운 시도를 할 때는 이 일이 실패해도 본체가 망가지는 일은 없어야 한다는 원칙을 세운 것이다. 실패의 가이드라인이라고 할 수 있다.

사업, 투자, 인생 모두 마찬가지다. 최악의 상황에 대비한 마지막 피난처는 있어야 한다. 참치잡이로 성공을 거둔 후 세계를 돌아다니다보니 여러 아이디어가 솟구쳤다. 이를 새로운 사업으로 연결하려면 위험을 감수할 수밖에 없는데, 그 위험의 범위는 본사업을 흔들지 않는 범위 내로 정해져 있었다. 위험의 한계선이라고 할 수 있다.

이런 생각이 가져다주는 또다른 효과는 '빠른 포기'다. 누구나 유행을 따라가려다 이것저것 시도해본 적이 있을 것이다. 외국어, 악기, 운동 등을 배워보려다 포기한 경험들을 대부분 갖고 있을 것이다.

어떤 것은 끝까지 해서 이뤄내야 하지만, 어떤 것은 빠르게 포기하는 편이 좋다. 적성에도 맞지 않고, 즐겁지도 않고, 능력도 안 되는데 이미 들인 돈이 아깝다고 붙들고 있는 것은 돈보다 더 중요한 시간을 낭비하는 일이 될 수 있다.

~~~~~~~

동원이 꽤나 많은 사업에 실패했지만 비교적 안정적으로 기업을 이끌어온 것처럼 보이는 이유도 이 같은 원칙, 빠른 포기 덕분이다. 실패한 사업 얘기를 조금만 더 해보자.

1973년 동원산업 내에 섬유사업부를 만들었다. 한국에서 섬유산업이 주요 수출산업으로 떠오를 때였다. 동원이 갖고 있는 해외사업의 경험과 네트워크를 감안했을 때 수출을 주력으로 하면 승산이 있다고 판단했다.

토끼털과 모피까지 제조하면서 사업을 확장하려고 했지만 제조도 판매도 수출도 쉽지 않았다. 우리가 잘할 수 있는 사업이 아니라는 판단이 들자 1976년 사업을 완전히 접었다. 제조업 진출을 위한 첫번째 시도는 이렇게 실패로 돌아갔다.

또다른 실패 이야기를 해보자. 1990년대 들어 정보통신산업이 성장하고 있었다. 컴퓨터가 대중화되기 시작했고, 이동통신도 발전하기 시작했다. 삐삐라고 불리는 무선호출사업이 유망해 보여 주목하고 있는데 때마침 기회가 찾아왔다. 1992년 수도권 무선호출 사업자 선정 모집 공고가 나온 것이다. 동원은 컨소시엄을 이뤄 입찰에 참여했다.

다들 동원이 될 것이라고 했는데 무슨 이유였는지 탈락했다. 2개 업체를 뽑는데 3등을 한 것이다. 정확한 이유는 알 수 없지만, 여기저기 부탁도 하고 했어야 하는데 그것을 하지 않은 결과였던 듯하다는 의견이 있었다. 그때 사업자로 선정된 회사들은 꽤 많은 돈을 벌었다. 그것을 보며 오기가 생겼다.

그러다 1995년, 외국산 중계기 교환장치를 수입해 고

객에 맞게 개조해 판매하는 성미전자라는 통신기기 업체를 인수했다. 그리고 성미전자를 인수한 지 얼마 지나지 않아 세번째 수도권 무선호출 사업자 선정이 있었다. 동원도 성미전자를 앞세워 해피텔레콤 컨소시엄을 구성해 입찰에 참가했다.

과거의 한을 푸는 듯했다. 하지만 배에서 배운 원칙을 잠시 도외시한 것이 패착이었다. 어제 물고기를 많이 잡았다고 오늘도 많이 잡는 것이 아니며, 어제 못 잡았다고 오늘도 못 잡는 것은 아니라는 원칙 말이다. 매일매일이 다른 바다고, 다른 전투다. 이 원칙을 망각하고 첫번째 입찰에서 떨어진 한을 풀기 위해 입찰에 참여한 것이 실수였다.

1997년 첫 서비스를 시작했지만 무선호출은 그때가 정점이었다. 1998년 이후 휴대폰으로 이동통신의 중심이 옮겨가기 시작했고, 2000년대 들어서는 무선호출기를 쓰는 사람이 거의 없어졌다. 결국 무선호출 사업을 정리할 수밖에 없었다. 200억 원의 자본금을 투자했지만 한푼도

건지지 못하고 정리하고 말았다.

성미전자도 통신사들의 투자가 줄어들자 어려움에 처하기 시작했다. 외부에서 경영자를 영입해 반전을 노렸지만 쉽지 않았다. 이동통신 사업과 전자부품 사업은 2000년대 초 모두 접었다. 이렇게 성과가 좋지 않으면 미적거리지 않고 포기하는 게 동원의 원칙이다. 아니라는 생각이 들면 본전에 연연하지 말아야 한다.

~~~~~~

포기와 실패에 대한 얘기를 마무리지어야 할 시간이다. 세상에 예측하지 못한 일들이 얼마나 많은지 한 가지 에피소드를 얘기할까 한다.

1985년 조미오징어 사업을 시작했다. 브랜드는 오대감 구이였다. 당시 오징어는 마른오징어를 구워먹는 게 전부였는데, 우리가 만든 제품은 마른오징어를 구워서 살균한 다음 진공포장한 것으로, 요즘 팔리는 조미구이의 원조 비슷한 것이었다. 맛도 있었고, 새로운 제품인데다 광고까지 재밌어서 엄청나게 팔렸다. 지금도 인터넷에는 당시 광고가 뜬다. 가마에 타고 있던 오대감이 체면 불고하고 오대감구이를 맛있다고 내놓는 CF였다.

그러나 얼마 후 사업을 접었다. 오씨 종친회에서 조상을 오징어에 비유했다고 항의하기 시작했다. 항의가 들어오면 임원들을 보내 설득하게 했지만 창원, 울산 등 전국 곳곳에서 항의 전화가 빗발쳤다. 그래서 결국은 사업을 접었다.

"진짜 위기는 모든 시나리오를 남김없이 고려했다고 생각한 후에 남는 것이다."

리스크는 그만큼 잘 보이지 않는다는 말이다. 철저히 준비해도 예상치 못한 변수가 발생한다는 사실을 명심해야 한다.

젊은이들에게, 특히 창업하고 싶은 젊은이들에게 하고 싶은 말이 있다. 깊이 생각하고 나서도 꼭 해보고 싶은 일이면 도전해야 한다. 하지만 도전에 앞서 '어느 정도 손실이 나면 과감하게 접는다'는 자신과의, 그리고 타인과의 약속이 반드시 있어야 한다. 검을 든 결투에서도 때로는 검을 내려놓고 내빼는 것이 가장 좋은 전략이 될 때도 있다. 이를 가로막는 것은 이미 투자한 것에 대한 미련이다. 포기는 인생에서, 특히 사업을 하거나 투자를 할 때 대단히 중요한 요소이며 능력이다.

도전은 아름답다. 남들이 가지 않은 길, 혹은 소수만 가는 길을 가기 때문에 더 가치가 있다. 하지만 이 도전에는 실패라는 부산물이 따르기 마련이다. 도전하지 않으면 실패도 없다. 그 실패에는 좋은 실패와 나쁜 실패가 있다. 좋은 실패는 다음 전략에 의미를 더하고, 나쁜 실패는 분열 외에 아무것도 남기지 않는다.

살면서 잊지 않아야 할 교훈은 준비에 실패하지 말되 실패의 한계선을 정하고, 안 되면 빠르게 포기해야 한다는 점이다. 자신이 감수할 범위를 넘어서는 실패는 그 의미를 찾기 힘들다.

도전의 증인, 희망의 증거

내게 도전의 중요성을 알려준 대표적인 두 사람을 꼽으라면, 일본 교세라의 창업자 이나모리 가즈오와 현대그룹 창업자 정주영이다. 내게 많은 영향을 끼친 인물들이기에 여러분과도 이들의 이야기를 나누고 싶다.

이나모리 가즈오는 교토의 작은 기업을 세계적 기업으로 키웠고, 부도 직전에 몰린 일본항공을 맡아 흑자로 돌려놓은 사람이다. 그래서 경영의 신이라고 불린다.

하지만 그의 학창시절은 고난의 연속이었다. 이나모리 가즈오는 중학교 입학시험에 떨어졌다. 사경을 헤맬 정도로 결핵을 심하게 앓아 공부를 제대로 못한 결과였다. 전쟁으로 집이 불타 10대 때 그의 상황은 절망적이었다. 그래도 학업에 재능은 있다고 생각해 계속 공부를 했다. 하지만 의대에 떨어지고, 가고 싶지 않았던 가고시마대 공학부에 입학했다.

필사적으로 공부했지만 취업도 쉽지 않았다. 대기업은 모조리 다 떨어졌다. 그래도 가족을 먹여 살려야 했기에 취업을 한 곳이 교토의 중소기업이었다. 당장 망해도 이상하지 않은 회사였다. 첫 월급도 제대로 나오지 않았다. 23세의 청년 이나모리 가즈오는 낙담했다. 입사 동기들은 다른 회사를 찾아 떠났다. 어디서 많이 본 듯한 이야기다. 국내 중소기업에 다니는 젊은이들이 처한 상황과 비슷하다고 할 수 있다. 그는 이렇게 말했다.

"당시 내가 할 수 있는 다른 게 없었다. '지금 내가 하는 일에 전념하자. 사는 길은 그뿐이다'라고 생각하고 사력을 다해 지금 하는 일에 전념했다."

'전념' '사력'이란 단어는 그가 고난을 모조리 긍정의
기운으로 바꿔버린 무기였다. 건강이 좋지 않았기 때문에
방탕하게 자신의 몸을 굴리지 않았고, 좋은 학교를 나오
지 않았기 때문에 인맥 대신 실력으로 승부했다. 교토의
작은 중소기업이었기에 대기업이 되기 위해, 세계적 기업
이 되기 위해 다른 회사가 포기한 제품 개발에 도전했다.
그가 창업한 교토세라믹이란 소기업은 교세라라는 세계
적 기업이 됐다.

신은 인간에게 한두 가지 특별한 재능을 나눠주는 것
같다. 보통의 재능은 모든 사람에게 골고루 주었고, 그 보
통 정도밖에 안 되는 재능도 특별한 의지를 갖고 갈고닦
으면 보통 이상의 실력이 된다. 처음부터 훌륭한 재능을
타고나서 대성한 사람 못지않게 역경 속에서 자랐지만
성공한 많은 사람에게 보이는 공통점은 그 역경을 극복
하기 위해 한 남다른 노력이었다. 이것이 그를 평범한 사
람 이상으로 성공케 한 것이라고 봐야 한다.

현대그룹 창업자 정주영 역시 그런 면에서 한번 더 되돌아볼 만한 사람이다. 정 회장은 북한에서 넘어왔다. 가난한 집에서 태어나 이대로 살면 미래가 안 보인다고 생각하고 가출을 했다. 가출할 때 소를 판 돈을 들고 나왔다. 그 돈으로 현대를 세우고 일으켰다. 가난이라는 상황은 그에게 돈을 벌고 싶은 욕망을 심어줬고, 그는 이를 행동으로 옮겼다. 그는 어렵다고 얘기하는 직원들에게 항상 "임자 해봤어?"라고 되묻곤 했다. 부족함을 자신만의 방식으로 극복하고 성공의 동력으로 바꿔낸 사람이 할 수 있는 얘기라고 생각한다.

굳이 비교하려는 것은 아니지만, 사실 나는 세계의 그어느 경영인보다 뛰어난, 진정한 '경영의 신'이 정주영 회장이라고 생각한다. 그야말로 '무'에서 '유'를 창조해낸 인물이기 때문이다. 맨몸으로 서울에 올라온 그는 쌀집부터 시작해, 건설, 조선, 반도체, 자동차 등 손대는 분야마다 엄청난 성공을 거두었다. 이 모두가 '집념의 도전'의 결과라고 해도 과언이 아닐 것이다.

"모험하지 않으면 늘 제자리다."

"시련이 있을 뿐 실패는 없다."

"최고의 결과를 얻고 싶으면, 마지막까지 최선을 다하면 된다."

정 회장이 생전에 남긴 말들은 지금도 여전히 유효하다고 굳게 믿는다.

성공한 정 회장은 세상을 뜨기 몇 해 전인 1998년 고향인 북한을 방문했다. 고향을 돕기 위해 트럭에 소를 싣고 임진각을 통과하는 장관이 연출됐다. 그때 가져간 소는 1,001마리였다. 자투리 한 마리는 고향 통천을 떠날 때 몰래 밑천을 마련하기 위해 팔고 온 소라며, 평생의 빚을 갚기 위한 것이라 했다.

'부족함' '결핍'이라는 단어가 부정적으로 보이지만 인류사에서 특별한 성취를 이룬 많은 사람에게 적용할 수 있는 공통의 단어라는 점도 명백한 사실이다. 부족함, 결핍, 고난 등을 딛고 자신만의 성취를 이룬 사람과 그렇지 않은 사람의 차이는 현재의 상황에 대처하는 자세였다. 그 상황을 극복하기 위해 내가 할 수 있는 일을 찾아 최선을 다한 사람과 그렇지 않은 사람이라고 할 수 있다. 또한 도전한 사람과 도전하지 않은 사람의 차이라고 할 수 있다.

존경하는 기업인 이야기가 나온 김에 덧붙이자면, 삼성의 창업주 이병철 회장 역시 경영관리의 기본과 경영문화의 틀을 만들어낸 기업인이라는 점에서 무척 존경하는 인물이다. 정주영 회장, 이병철 회장 같은 위대한 기업인이 있었기에 나 같은 사람이 배우고 따를 수 있었음에 깊은 감사를 전하고 싶다.

호기심의 바다

창조는 '머리'가 아니라 '몸'에서 시작된다

호기심

진정한 허기란 무엇인가

好奇心

요즘 강원도에서 새로운 사업을 준비하고 있다. 뭍에서 연어 양식을 하는 것이다. 탄수화물은 각종 DNA를 섞으면 만들어낼 수 있지만 단백질은 그게 쉽지 않은데, 문제는 인류가 늘어날수록 단백질 공급원이 부족해지고 있다는 것이다.

이 문제를 가장 값싸게 해결할 수 있는 방법은 무엇일까 고민하다가 연어 양식이라는 결론에 이르렀다. 연어는 양식의 효율성이 높은 어종이다. 광어 1킬로그램짜리를 키우려면 사료가 2킬로그램 정도 필요한데, 연어는 사료 1.1킬로그램으로 충분하다. 효율성이 가장 좋은 단백질 공급원이 연어라고 할 수 있다.

물론 바다에서도 연어를 양식할 수 있다. 하지만 큰 비용이 들고, 자연의 변동성을 감안하면 양식의 과정도 쉽지 않다. 그래서 찾은 답이 육지에서 연어를 키워보자는 것이다. 연못 같은 큰 탱크를 만들어 그곳에 바닷물을 담아 회전시키며 연어를 기르는 것이다. 높이 13미터, 지름 28미터의 대규모 수조 24기를 짓는 계획이다. 여기에 최첨단 바이오 기술과 AI 기술까지 적용된다.

사실 아이디어를 떠올린 지는 좀 되었는데 진행이 더디다. 환경영향평가에만 1년이 걸렸다. 이후로도 이런저런 과정을 거치다보면 시간이 더 지연될 듯하다.

연어는 그냥 뚝딱 크는 게 아니다. 알에서 나와 담수에서 1년간 150그램 정도로 자라고, 이 150그램짜리를 다음 1년 동안 바닷물에서 기르면 6킬로그램까지 자란다. 허가를 받은 후 시설을 설치하는 데 1~2년, 연어를 키우는 데 2년이니 지금 설치를 시작해도 연어 양식이 결실을 맺기까지는 4~5년이 걸릴 터. 현재 아흔인 내가 그때까지 살아 있으리라는 보장이 없기에 뭍에서 양식한 연어의 맛을 볼 수 있을지 모르겠다. 그래도 해야 할 일이고, 하고 싶은 일이라 계속 밀고 가고 있다. 그런 내게 어떤 사람들은 말한다.

"이제 좀 쉬십시오. 그 나이에 새로운 도전은 무리입니다."

하지만 평생 새로운 무언가를 상상하고, 그 상상을 실현하기 위해 도전하며 살아온 나다. 세상에 대한 호기심을 끄고 새로운 도전을 멈추는 것은 내게 숨이 끊어지는 일과 다름없다고 하면 과장일까. 스탠퍼드대 졸업식 축사에서 스티브 잡스가 한 "나는 아직도 배고프다"라는 명언을 내 식대로 변형해보자면, "나의 뇌는 아직도 배고프다".

인간의 뇌는 생각보다 그리 똑똑하지 않다고 한다. 뇌는 에너지를 최소한으로 사용하기 위해 생각을 줄이려는 본능을 갖고 있다. 온갖 편향이라고 불리는 것은 우리 뇌가 게으름을 피운 결과다. 학습이나 창조가 어려운 이유도 여기에 있다. 뇌는 배고픈 줄 모른다. 사람의 위장은 때가 되면 배고픔을 느끼고 우리가 음식을 먹도록 만들지만, 뇌는 지식과 정보를 채워줄 때가 되어도 허기를 느끼지 못한다.

그래서 호기심이 중요하다. 나는 뇌가 배고픔을 알게 만드는 원초적인 에너지는 호기심에서 나온다고 믿는다. 세상의 아이디어는 곳곳을 떠돌아다닌다. 누구는 이 떠도는 아이디어를 붙잡고, 누구는 그냥 스쳐 보낸다. 그 차이는 호기심, 즉 뇌가 배고픈가 그렇지 않은가에서 생겨난다. 호기심을 가지고 보면 같은 것도 다르게 볼 수 있고, 새로운 것도 발견할 수 있다.

나는 바다 생활을 하면서 어떤 책이든 가리지 않고 읽었다. 호기심을 채우기 위해 독서를 하면 새로운 호기심이 생겼고, 그래서 또다른 책을 찾아 읽다보면 지식과 정보가 깊어지는 것을 느낄 수 있었다. 내 인생은 끝없는 학습의 과정이었고, 그 학습은 세상을 보는 시야를 넓혀줬다. 바다로 가 세계에서 가장 고기를 많이 잡는 회사를 만든 것뿐 아니라, 현재 국내 최고 수준의 증권사가 된 한국투자금융도 호기심의 결과라고 할 수 있다.

내게 호기심과 상상은 인생에서 굉장히 중요한 부분이다. 취미가 뭐냐는 질문을 받으면 나는 마땅히 답할 게 없다. 일하느라 골프 외에는 별다른 취미를 갖지 못해 후회를 한 적도 있다. 독서는 취미라고 하기보다 삶에서 필수적인 요소에 가깝다.

'나는 어떤 취미를 갖고 있을까.'

생각해보면 상상 또는 공상이다. 공상을 하다 잠을 제대로 자지 못할 때도 많다. 생각에 생각이 꼬리를 물면 시간은 어느새 새벽을 향해 가곤 한다. 어쩌면 인생은 상상, 공상을 현실로 이루는 과정인지도 모른다.

실존하는 모든 것 중 상상에서 비롯되지 않은 것은 없다. 모든 일은 한곳에서 시작되니 그곳은 우리의 머릿속이며 이 세상도, 삶도 상상력이 만들었다. 상상력은 이렇게 인간에게 주어진 값진 선물인데 의외로 많은 사람이 관심이 없다. 상상력은 그냥 나오는 것이 아니다. 의식적으로 사용하지 않으면 그저 잠들어 있다.

사업을 하다보면 이 상상은 더욱 커진다. 무언가를 보는 순간, 새로운 사업의 아이디어로 이어지는 경우가 많다. 대표적인 게 앞서 말한 '연어 육상 양식'이라고 할 수 있다. 물론 이런 상상이 모두 현실이 된 것은 아니다. 아이디어가 떠오를 때마다 어떤 것은 실제 사업으로 이어질 수 있을지 검토해보고, 어떤 것은 그냥 상상의 영역에 묶어둔다.

~~~~~~

호기심이 '뇌의 허기'를 일깨우고 그 허기가 우리를 배우고 학습하게 하는 원천이라면, 삶의 결핍과 부족은 '도전과 성취'를 이끄는 요소인 것 같다.

"왜 편한 길을 놔두고 인생의 중요한 순간마다 험한 길을 걸어갔는가?"

오랜 기간 이런 질문을 받았다. 남들이 보기에는 충분히 의문이 들 만했을 것 같다. 진학도, 취업도 무엇 하나 일반적 선택이 아니었던 것은 분명하다. 사람들이 물을 때마다 나의 답은 늘 한결같았다.

"어려운 길만 선택한 것이 아니라 편한 길로 갈 힘이 없었다."

편한 길에는 이미 머리 좋고, 집안 좋은 사람이 많았다. 그 길에는 들어서기도 어렵고, 설사 어렵사리 들어간들 새로운 것을 시도하기도 쉽지 않고, 두각을 나타내기란 더더욱 힘들다고 판단했다. 그게 현실이었다. 그래서 남들이 안 가는 곳에 가면 새로운 성취를 할 수 있으리라고 생각하며 살았다. 나만의 길을 찾았다고도 할 수 있다.

요즘 많은 젊은이가 체념 속에 살아가고 있다고 한다.

남들보다 가진 것이 없고, 미래에 대한 희망도 별로 없다고 생각하는 듯하다. '헬조선' '3포세대' 등의 용어로 자신의 처지를 비관하는 모습을 보며 안타까운 생각이 들기도 한다. 부족한 게 아니라고 강변할 생각은 없다. 시대마다 처한 상황이 다르다는 것도 잘 알고 있다.

그럼에도 결핍이란 게, 부족함이란 게 인생의 선물이 될 때도 있다는 이야기를 하고 싶다. 일본에서 오랫동안 경영의 신으로 추앙받는 파나소닉의 창립자 마쓰시타 고노스케는 이런 말을 했다.

"나는 가난했기 때문에 물건을 아껴 쓰는 것을 배웠고, 공부를 못했기 때문에 남의 이야기에 귀기울여 배웠으며, 몸이 약하기 때문에 다른 사람의 힘을 빌려 쓰는 걸 배웠다."

나 역시 그랬다. 우리나라가 최빈국이었던 1930년대 가난한 농촌의 초가집에서 태어났다. 가난이라는 결핍과 역경은 나에게 다른 사람들과 다른 선택을 해야 하는 도전의 길로 안내했다.

어려움이 닥쳤을 때, 결핍의 상황에서 물러나지 않고 도전하는 용기와 그것을 극복하는 실천력이 운명을 결정하는 가장 중요한 요소라고 믿는다.

사람만 그런 게 아니라 자연에서도 마찬가지 현상이 일어난다. 요즘은 농사짓는 얘기를 잘 안 하지만 농업학교를 졸업했기 때문에 농사를 잘 안다. 시골에서 농부들이 벼농사를 지을 때 가끔 논의 물을 빼는 경우가 있다. 이는 뿌리를 단단하게 만들기 위한 것이다. 물이 부족하면 벼가 단단해지기 위해 스스로 뿌리를 강하게 만든다. 국내에서 가장 맛있는 쌀, 임금님의 쌀로 불리는 게 이천 쌀이다. 이천 쌀이 맛있는 이유는 고지대라서 일교차가 크기 때문이다.

광릉수목원에는 수많은 나무가 있다. 어느 날 전문가들은 이상한 현상을 발견했다. 태풍이 불면 수목원에 있는 큰 나무들은 뿌리째 뽑혀 나가는데, 수목원 가는 길에 있는 나무들은 끄떡없었다. 왜 이런 일이 일어날까. 전문가들이 연구 끝에 밝혀낸 사실은 수목원 나무들은 인공적

보살핌에 길들어 있었다는 것이다. 그래서 뿌리가 약했다. 하지만 길가의 나무는 누구도 돌봐주지 않는다. 스스로를 지키기 위해 깊이 뿌리를 내린 결과 태풍에도 견딜 만큼 강해졌다.

이처럼 결핍은 자연에서도 강함이라는 선물을 주고 있다. 바람이 센 곳에 있는 소나무가 곧게 자라고, 높은 봉우리에 핀 꽃의 향기가 짙다. 물이 부족한 사막지방의 과실이 맛있는 것도 같은 이치다.

~~~~~

고난과 역경이 강함을 만든다는 것을 잘 알기에 내 자식들도 그렇게 키웠다. 단단히 단련시키려고 노력했다. 장남은 고려대를 졸업하자마자 원양어선을 태웠다. "고대 나오고 원양어선 탄 사람은 당신이 처음이다"라는 말을 누군가가 했다고 들었다. 그런 생활을 거치고 나니 아이의 생각이나 태도가 달라지는 게 느껴졌다. 그뒤 대학원에 갔는데 "내가 지금 느낀 걸 좀더 일찍 알았다면 대

학 공부를 열심히 했을 것"이라고 말했다. 장남은 현재
한국투자금융 회장이다. 차남은 참치 공장에서 시작해 청
량리도매시장 영업사원을 거쳐 현재 동원 회장을 하고
있다.

  "김재철 회장이 첫째는 배 태우고, 둘째는 참치 배 따
  는 일부터 시켰다."

  정확지는 않아도 비슷하다. 역경의 조건을 만들어주기
위한 교육이었다. 편안하게 호강한 사람은 저항력, 인내
력이 부족하다고 생각한다. 스스로 결핍의 기회를 만드는
것은 몸과 정신의 단련 과정이다.

현장

답은 어디에 있는가

現場

동원그룹 직원 아무에게나 '동원정신'이 뭐냐고 물어
보면 '열성'과 '도전'이라고 답한다. 오랜 기간 내가 귀에
못이 박히도록 강조한 결과다. 그리고 나는 여기에 '창조'
라는 덕목을 추가했다. 남들을 따라갈 때는 열성과 도전
만 있어도 되지만, 새로운 것을 추구할 때는 창조정신이
반드시 필요하기 때문이다. 이런 동원정신을 뒷받침하는
행동강령은 세 가지로, 이른바 '원작새'라고 부르는 지침
이다.

'원칙은 철저히 지키자.'

'작은 것도 소중히 하자.'

'새로운 것은 과감히 하자.'

~~~~~~

'원칙'은 조직이 궤도를 크게 벗어나는 것을 막아준다.

대부분의 큰 실패와 시련은 원칙에서 벗어났을 때 오는 경우가 많다. 대형 금융사고는 대부분 원칙을 소홀히 했을 때 나타난다. 실적을 위해 약간의 편법을 인정하기 시작하면 그 편법은 점점 더 커질 수밖에 없다.

'작은 것을 소중히 하는 것'도 비슷한 맥락이다.

이것은 오랜 기간 배를 탄 경험에서 얻은 교훈이다. 배가 아무리 커도 작은 물구멍 하나가 나면 배는 침몰의 위기상황으로 치닫는다. 또 부품 하나가 고장이 나서 엔진이 멈추면 폭풍 속에서 모두가 죽을 수밖에 없다. 아무리 작은 것이라도 세밀하게 다루지 않으면 안 된다는 것을 나는 배에서 느끼고 깨달았다.

이는 조직이나 일에서도 마찬가지다. 1986년 미국에서 우주선 챌린저호 폭발 사고가 있었다. 미국 우주비행사 일곱 명을 태운 챌린저호가 발사한 뒤, 73초 만에 폭발해 모두가 목숨을 잃었다. 발사 전 엔지니어들은 낮은 온도에서 안전장치가 미세한 이상을 일으킨다며 발사를 반대했다. 하지만 NASA는 미세한 이상이라고 무시하고 발사를 강행했다. 비극을 자초한 것이다.

여기서 철저함이란 단어가 등장한다. 작은 것까지 철저하게 점검하고 빈틈을 없애는 것. 이는 개인과 조직 모두에 통하는 원칙이다. 나는 오래전부터 기업은 무대이며, 경영진은 연출자고, 사원은 연기자라고 말해왔다. 경영진은 연기자인 사원들이 가진 역량을 최대한 발휘하도록 하는 연출자의 책임이 있는 것이다.

연극 무대를 상상하면 철저함이 왜 필요한지 금방 알 수 있다. 연출자인 경영진과 연기자인 사원이 만약 하루 연습하지 않으면 스스로 부족함을 알게 된다. 이틀 연습하지 않으면 동료가 뭔가 어색하다는 것을 간파한다. 사흘 연습하지 않으면 청중인 고객이 빈틈을 알게 되고, 결국 기업은 신뢰를 잃고 만다. 철저함은 성공하는 조직과 사람의 공통된 특징이다.

경영자가 된 후 철저함을 실천하는 방식은 남들과 좀 다르다. 문제가 생기면 현장으로 달려가는 것은 기본 중의 기본이다. 현장에 가면 간부들의 말이나 보고서와는 다른 무언가를 발견할 수 있다.

나는 현장, 특히 공장을 방문할 때 그냥 사무실이나 눈에 보이는 곳은 별로 중요시하지 않는다. 사장이 온다고 공장이 깨끗이 청소되어 번쩍번쩍하다. 가보면 이렇게 눈에 보이는 곳은 '벌써 관리를 해놨구나'라는 느낌이 든다.

그래서 나는 공장에 가면 쓰레기장에 가끔씩 들른다. 거기 가면 불량인 제품들이 모여 있다. 불량품을 보면 어떤 문제가 있는지 대략 감을 잡을 수 있다. 의사들이 대변을 가지고 검사하는 것과 비슷하다고 할 수 있다. 화장실도 가본다. 가장 청결해야 하는 곳 중 하나이기 때문이다. 때로는 기계 밑에 손가락을 넣어보기도 한다. 대충 눈으로 보면 멀쩡해 보이는 기계라도 밑에 녹이 슬었거나 먼지가 쌓여 있으면 나중에 어떤 문제를 일으킬 수 있기 때문이다.

창조란 '머리'가 아니라 '몸'으로 쌓은 지식에서 이루어지는 것이며, 답은 '책상'이 아니라 '현장'에 있다는 것이 나의 생각이다. 리더가 책상에 앉아서만 보고를 듣고 지시를 내린다면, 문제를 해결할 수도 새로운 아이디어를 제시할 수도 없다는 믿음도 여기서 비롯된 것이다.

~~~~~~

'새로운 것은 과감히'라는 말은 무모해 보이더라도 꿈을 현실로 만들어내는 데 노력하자는 뜻이다.

상상과 공상이 취미인 나에게 바다는 어쩌면 딱 맞는 일터였는지도 모른다. 바다를 항해하다보면 생전 처음 보는 풍경, 물고기, 사람들을 만나게 된다. 특히 원양어업을 하다보니 태어나서 처음 들어보는 많은 나라에 가볼 기회가 있었다. 그중 하나가 나우루라는 섬나라다.

태평양 열대지방에 있는 그 섬나라를 처음 가봤을 때는 인구가 수천 명밖에 안 됐다. 지금은 1만 명 정도가 산다고 한다. 이 섬을 처음 발견한 서구 국가들이 자원을 다 캐내 팔아먹고는 사실상 버려둔 채 떠났다. 나우루는 세계 최빈국 가운데 하나다. 그러나 새로운 해양법으로 그 섬 주변 200마일 이내 바다가 경제수역이 되어 그 해역 내 입어하는 어선들의 입어료가 국가 수입의 큰 재원이다.

또 키리바시라는 섬나라는 길버트제도와 피닉스제도 등 33개 섬으로 이뤄져 있어 땅은 좁지만 넓은 바다를 갖고 있다. 이 섬나라가 궁금해 좀더 조사해보니 해양영토가 넓기로 세계에서 손꼽히는 나라였다. 동서로는 동경 170도에서 서경 145도, 남북으로는 북위 5도에서 남위 10도에 걸쳐 섬이 펼쳐져 있다. 그 인근 바다는 모두 키리바시 소유다. 남북으로 약 2,000킬로미터, 동서로 5,000 킬로미터가 이 나라의 해양영토다. 1982년 200해리 경제 수역이 선포된 후 해양영토의 중요성이 부각되던 시절, 키리바시를 연구하다 아이디어가 하나 떠올랐다.

'우리는 어업 기술을 갖고 있고, 키리바시는 해양영토를 갖고 있다. 이를 결합하면 키리바시를 대한민국의 인근 해역처럼 만들 수 있지 않을까.'

키리바시로부터 바다를 빌리는 방안이었다. 바다를 수십 년 조차해 연안바다처럼 쓰면 주인 없는 공해를 찾아 떠돌지 않아도 될 것 같았다. 육상영토를 확장할 수 없어도 해양영토는 확장할 수 있겠구나 싶어 들뜬 마음으로 키리바시 정부의 문을 두드렸다. 키리바시 정부를 대상으로 피닉스제도의 조차를 추진했다. 일부 섬을 조차하면 그 인근 바다에 대한 배타적 권리를 갖게 된다.

하지만 이 일은 성사되지 않았다. 주권을 갖고 있는 국가의 영토를 조차하는 것은 다른 국가만이 할 수 있는 일이었다. 개별 기업은 불가능했다. 정부와 어떻게든 문제를 풀어보려고 했으나 쉽지 않았다. 결국 해양영토 확장을 포기할 수밖에 없었다.

물론 이 일이 있고 난 후에도 키리바시 정부와는 좋은 관계를 유지했다. 2015년 출항한 동원의 참치 선망선 '테라카호'의 이름도 키리바시 대통령이 지어준 것이다. '테라카TERAAKA'는 남태평양의 키리바시공화국에서 '매우 숙련된 어부의 정신'을 의미하며, 현지 어부들은 테라카가 어부에게 행운을 불러준다고 믿고 있다.

지금도 해양영토 확장에 대한 꿈은 버리지 않았다. 미래 어느 날 후배들이 해양영토를 확장하는 방법을 찾아내리라 기대한다. 버려진 것 같은 태평양 인도양의 섬들을 조차해 우리의 해양영토로 만든다는 것은 가슴 벅찬 일이라고 생각한다.

창조란 '머리'가 아니라
'몸'으로 쌓은 지식에서 이루어지는 것이며,
답은 '책상'이 아니라
'현장'에 있다는 것이 나의 생각이다.

리더가 책상에 앉아서만 보고를 듣고 지시를 내린다면,
문제를 해결할 수도
새로운 아이디어를 제시할 수도 없다는 믿음도
여기서 비롯된 것이다.

융합

**사물이나 사건을
열두 가지 방향에서 보고 있는가**

融合

상상력과 창의성은 우물과 비슷하다. 독서를 통해 지식이라는 마중물을 부어주고, 현재 벌어지는 문제에 대한 관찰과 상상이라는 펌프질을 해주면 지하수가 빨려 올라오듯 생각의 물결이 밀려온다. 이 과정에서 사회적 현안과 아이디어가 연결되는 융합이 일어나면 솔루션이 되는 것이다.

　상상력과 창의력을 갖추기 위해 필요한, 중요한 사고의 방법 중 하나가 융합이다. 이는 시대의 변화와도 맞닿아 있다. 20세기까지는 지식의 깊이가 중요한 전문화 시대였다면 21세기는 기존 지식과 기술을 활용해 새로운 가치와 제품을 만들어내는 융복합의 시대다. 컨버전스 시대라는 말이다.

이미 스마트폰 시장에서 검증됐다. 휴대폰, MP3 플레이어, 카메라, 컴퓨터를 결합한 아이폰은 시대의 아이콘이 됐다. 반면 과거 휴대폰 시대를 주름잡았던 노키아는 융복합에 실패해 대단히 큰 어려움을 겪었다. 요즘도 핸드폰을 만들고 있지만 시장에서 존재감은 없다. 하여 나는 동원의 임직원에게 이런 이야기를 자주 한다.

"모든 사물과 사안은 열두 가지 방향에서 다각도로, 면밀히 바라봐야 제대로 알 수 있다."

예를 들어 어떤 문제가 발생했을 때 그 문제의 한 면만 바라보면 제대로 된 해결이 불가능하다. 열두 가지 방향, 즉 문제의 여러 측면과 원인을 골고루 파악하고 분석해야 본질부터 바로잡을 수 있는 것이다. '원작새'라는 말로 동원의 정신을 세 가지로 요약해 전하듯, 직원들에게 생각하는 방식도 세 가지로 강조하곤 한다.

근본적으로 사물을 보고,
다면적으로 사물을 보고,
장기적으로 사물을 보라.

~~~~~~

'근본적으로 사물은 본다는 것'은 항상 본질에 집착하라는 얘기다.

일을 할 때 항상 업의 개념을 생각해야 한다는 말을 들어본 적이 있을 것이다. 업의 본질을 제대로 정의해야 어떻게 경쟁력을 갖출지 알 수 있다는 말이다. 예를 들어 1970년대 "어업의 본질은 바다로 나가 석유와 물고기를 맞바꾸는 것이다"라고 말하곤 했다. 그렇다면 경쟁력은 배의 연료가 되는 석유를 누가 낮은 가격에 조달하느냐에 따라 승부가 갈린다는 것이다. 또 어업을 하는 회사에서도 사장과 선장의 업의 본질이 다르다. 선장은 물고기를 잘 잡아야 하지만, 사장은 최고의 성과를 내야 한다. 이처럼 업의 본질을 찾는 과정도 결국은 생각의 연속이다. 그래서 상상력이 중요하다.

'다면적으로 사물을 보라는 것'은 그래야 실패의 확률을 줄일 수 있기 때문이다.

영화를 볼 때 주인공의 관점에서 볼 때와 감독의 관점에서 볼 때, 조연의 관점에서 볼 때 영화가 다 달리 보인다. 이는 레오나르도 다 빈치의 다각적 사고에서 가져온 생각으로,『레오나르도 다 빈치의 두뇌 사용법』이라는 책을 보면 '두뇌를 깨우기 위한 여덟 가지 사고'를 강조하는데 나는 이것을 열두 가지로 늘린 것이다. 물론 여덟 가지든 열두 가지든 숫자는 중요하지 않다. 중요한 것은 하나의 방향에서 보는 좁은 시야에서 벗어나 여러 면에서 살피는 넓은 시야를 갖는 일이다.

다면적으로 봐야 하는 대표적인 대상이 사람이다. 내 눈에는 훌륭한 직원으로 보이지만 상사, 동료, 후배 그리고 거래처의 평가는 모두 다를 수 있다. 공장에 가면 쓰레기장을 보는 것도, 물류회사에 가면 반품되는 물건들을 살펴보는 것도 다른 면을 보기 위한 노력이라고 할 수 있다.

'장기적으로 사물을 보는 것'은 굳이 설명이 필요하지 않을 것 같다. 그렇다. 먼 미래까지 고려하라는 뜻이다.

1970년대 초 오일쇼크로 모든 수산업체가 어려움을 겪을 때 일이다. 연료비가 오르지 않았을 때까지 어업은 노동집약적 산업의 성격이 강했다. 그러나 치솟는 유가는 노동비용을 아낀다고 해결되지 않았다. 그때 생각한 게 공모선이다. 공모선이란 선박 내에 공장시설까지 갖춘 배다. 냉동은 물론 어획물의 다양한 가공이 가능하다.

1973년 대형 공모선을 건조하기로 결정했다. 주변에서 무리라고들 했다. 창업 4년 만에, 그것도 당시 북태평양 조업 어선 중 최대였던 3,000톤급의 1.5배에 달하는 배를 건조하겠다는 결정이 무모해 보이는 게 당연했다. 하지만 장기적으로 선박의 대형화 추세에서 앞서가기 위해, 또 참치에 집중돼 있는 포트폴리오의 분산(명태 등) 등을 위해 꼭 필요하다고 판단했다. 그렇게 4,000톤급 트롤선인 동산호가 1975년 첫 항해를 시작했고 동산호는 동원이 비약적으로 성장하는 계기가 됐다. 장기적 관점에 베팅한 결과였다.

~~~~~~

앞서도 말했지만 한 시대에 큰돈을 버는 건 전통산업에 첨단기술을 접목한 사람이다. 융복합의 능력을 갖춘 사람이라고도 할 수 있다. 그렇다면 현재 첨단기술이 뭘까. 다들 말하듯 인공지능AI이다.

세상 사람들이 이 기술을 실감한 사건은 2016년에 벌어졌다. 이세돌과 알파고의 바둑대결이었다. 이세돌이 네 번 지고 한 번 이겼다. 이세돌은 공식적으로 알파고를 이긴 유일한 인간으로 기록되고 있다. 이 사건은 충격이었다. 바둑이 탄생한 후 수천 년간 같은 기보가 한 건도 없을 정도로 복잡한 연산을 인공지능이 완벽히 해내고 있다는 증거였기 때문이다.

이후 인공지능에 관해 공부하기 시작했다. 국내에는 책이 별로 없어 미국, 일본 등에서 책을 구해서 봤다. 4차 산업혁명이 여기서 시작될 것이라는 생각이 들었다. 2019년부터 만나는 사람은 물론, 언론사 인터뷰를 할 때마다 인공지능 얘기를 했다. 물론 그때는 진지하게 귀기울이는 사람이 많지 않았다.

현재 여러 선진국은 물론 중국 등이 인공지능 선진국이 되기 위해 막대한 투자를 하고 있다. 2024년부터 인공지능 경쟁에서 선두를 달리고 있는 미국에서는 한 달이 멀다 하고 신기술이 쏟아져나오고 있다. 이 기술은 곧 한 나라의 국력을 보여주는 패권이 될 가능성이 크기 때문에 경쟁은 치열할 수밖에 없다. 우리나라는 이 경쟁에서 다소 뒤처져 있는 편인데, 내가 2020년 카이스트에 인공지능 연구에 써달라고 개인 재산을 털어 기부한 것도 이런 절박함의 반영이었다. 카이스트는 고맙게도 이 자금으로 대학원을 열고 '카이스트 김재철 AI 대학원'이란 이름을 붙여줬다. 동원이 사내에서 AI 경진대회를 여는 것도 개인의 인공지능 역량을 강화하기 위한 것이다.

젊은 시절 나는 푸른 바다를 누비며 대한민국의 미래를 낚는다고 생각했다. 다가올 AI 시대에는 '데이터의 바다'에서 새로운 미래를 찾아야 한다. 개인, 기업, 국가 모두 마찬가지다.

~~~~~~~

열두 가지 방향에서 다양하게 바라보고 생각하는 융복합만큼 중요한 것이 거꾸로 바라보기, 즉 발상의 전환이다.

내 방에는 지도 한 장이 있다. 거꾸로 된 세계지도다. 한때 이 지도를 여러 장 만들어 사람들에게 나눠주기도 했다. 물론 내가 창안한 것은 아니다. 남반구에 가면 더러 볼 수 있었다. 사실 그 지도를 거꾸로 된 지도라고 부르는 것도 고정관념 때문이다. 위아래가 없는데, 위아래를 가정하고 하는 말이기 때문이다.

바다가 준 것은 물고기만이 아니다. 낮에는 사방에 수

평선이 펼쳐져 있었고, 밤에는 쏟아질 듯한 별들을 보고 있으면 생각의 크기도 커지곤 했다. 어느 날 별을 보며 의문이 들었다. 지구도 하나의 별인데 지구에서 남쪽과 북쪽은 어떻게 정해진 것일까. 흔히들 선진국은 대부분 북반구에 있고 후진국은 남반구에 있다고 하는 남북 말이다. 어느 별에도 위아래가 없는데 지구에만 있을까.

그래서 조사를 해봤다. 유럽 사람들이 대항해시대를 거치며 만들었다는 것을 알게 됐다. 지구가 둥글다는 것을 입증하고, 자기들이 사는 곳을 중심으로 방향을 설정했다. 영국 그리니치 천문대를 경도 0으로 해서 동과 서를 가르고, 적도를 기준으로 남과 북을 나눈 것이다. 세계의 기점을 자신들이 원하는 대로 만들고 지구본도 만들고 지도도 만들었다. 그러나 생각해보면 지구가 둥글기 때문에 그걸 뒤집어서 남과 북이라 칭해도 이상할 것이 아무것도 없다는 데 생각이 이르렀다.

세계지도를 놓고 예전에 어르신들이 "조선은 장래가 없어, 지도를 놓고 봐라 토끼가 귀를 잡힌 것처럼 돼 있는데 무슨 미래가 있겠나"라고 말씀하신 것을 들은 적이 있다. 또 어떻게 보면 버선짝 매달린 것처럼 돼 있다는 얘기도 들었다. 나는 반대로 뒤집어서 보라고 했다.

유라시아 대륙에서 동쪽으로 태평양으로 길게 뻗은 반도는 한반도밖에 없다. 3면이 바다여서 항구가 될 수 있는 여건을 갖고 있다는 것은 엄청난 장점이다. 세계사에서 바다를 지배한 세력이 항상 강자였다는 점을 감안하면 더더욱 그렇다. 그래서 오래전 발상의 전환을 해보자는 뜻에서 『지도를 거꾸로 보면 한국인의 미래가 보인다』라는 책을 쓰기도 했다.

이런 관점을 갖고 한반도의 지정학적 위치를 해석하면 우리가 대륙에 매달려 있는 것이 아니라 태평양 쪽으로 우뚝 서 있는 것으로 보인다. 한쪽으로는 태평양의 파도를 일본 열도가 방파제처럼 막아주는 것도 한반도의 이점이다. 실제 많은 태풍이 일본 열도에서 약화돼 한국으로 넘어온다. 또 한쪽으로는 중국이 유라시아 대륙에서 오는 거센 바람을 막아주고 있다.

작은 나라지만 좋은 해양조건을 갖추고 있어 강국이 될 수 있는 나라라는 게 나의 생각이다. 게다가 세계 제1의

조선업 경쟁력까지 갖추고 있다. 오래전부터 우리나라는 해양지향적일 때는 국운이 번창했지만 대륙지향적일 때는 위축됐다.

발상의 전환을 쉽게들 얘기한다. 하지만 그 전환은 단순히 무언가 하나를 새롭게 발견하는 게 아니다. 사고의 체계까지 바꿔놓는 경험을 할 수 있다는 점에서 젊은이들에게 꼭 권하고 싶은 생각의 방법이다.

독서

왜 읽는가, 어떻게 읽을 것인가

讀書

'문사철 600'이란 말을 오랜 기간 강조하고 다녔다. 문학책 300권, 역사책 200권, 철학책 100권을 읽어야 이 시대를 제대로 살 수 있다는 생각을 담은 말인데, 지금도 그 생각은 변함이 없다.

각각의 책에는 각각의 쓰임새가 있다. 문학책은 정신을 풍요롭게 해주고 커뮤니케이션 능력을 길러준다. 역사책을 통해 선인들의 지혜를 빌려 현재의 문제를 해결할 수 있는 길을 찾을 수 있다. 철학책은 인생관과 신념을 확립하게 해줄 뿐 아니라 미래를 앞서 볼 수 있는 예견력과 통찰력을 갖게 해준다.

이렇게 책을 중시하는 이유가 있다. 인생의 고비마다, 선택의 갈림길에 설 때마다 늘 책에서 실마리를 찾곤 했기 때문이다. 특히 인생의 첫 모험에서 책에 큰 도움을 받은 기억이 난다.

~~~~~~

1958년 무급 실습 항해사로 국내 첫 원양어선을 탔을 때다. 남태평양으로 가고자 부산을 출발해 일본 시모노세키항으로 향했다. 당시만 해도 국내에는 공산품이 없었기 때문에 일본에서 보급품을 실어야 했다. 시모노세키항이 가까워오자 한국과는 다른 풍경이 펼쳐졌다. 수많은 공장 굴뚝에서 연기가 뿜어져나오고 있었는데, 이는 그저 놀라울 따름이었다. 한국은 여전히 농업국가였고, 제대로 된 공장을 찾기 드물던 시절이었기에 그랬을 것이다. 당시 우리나라의 주요 수출 품목은 사람의 머리카락으로 만든

가발과 중석(텅스텐) 등이었다.

부러움에 한참을 쳐다보고 있자니 어느덧 배가 항구에 정박했고, 선장이 선원들에게 얼마 안 되는 달러를 나눠 줬다. 멀고 먼 항해를 떠나기 전에 필요한 일용품을 사라는 의미였다. 무급 실습 항해사였지만 나에게도 5달러가 주어졌다. 지금 돈으로 치면 7천~8천 원에 불과하지만, 당시에는 꽤 쓸만한 돈이었다. 다른 선원들은 신문물에 가까운 맥주와 일본 음식을 사는 데 대부분의 돈을 썼다. 하지만 나는 그 귀한 돈을 하룻밤 입과 위를 즐겁게 해주는 것으로 쓰고 싶지 않았다. '무급' 실습 항해사인 나에게 주어진 뜻밖의 돈이었기에 더욱 귀하게 쓰고 싶었던 것 같다.

헌책을 파는 중고 책방을 찾아 나섰다. 사실 고등학교를 졸업할 때까지 책이라고는 교과서와 전과(요즘의 참고서 같은 것이다) 외에 읽어본 적이 없었다. 책을 살 돈이 없기도 했고, 독서를 할 시간이 없기도 했다. 하지만 늘 지식에 대한 갈증은 있었다.

무엇보다 참치잡이를 하러 가는데 참치가 어떻게 생겼

는지, 어떤 물고기를 먹는지, 그들의 생태는 어떠한지 정도는 알아야 할 것 같았다. 우선 어류도감, 참치 관련 책을 골랐다. 당시 중고책은 권당 가격을 매기지 않고 무게를 달아서 팔았기 때문에 어류 관련 책 외에도 다른 분야의 책 수십 권을 살 수 있었다.

그때 구매한 책 중에는 한국에서는 금서인 것들도 많았다. 모택동 전기, 마르크스의 저작, 러시아혁명 등에 대한 책들이었다. 한국에서는 읽지 못하게 하는 책이라 더욱 관심이 갔다. 마르크스, 엥겔스, 루소의 저작과 소설책도 함께 샀다. 물론 일본어로 된 책이었다. 일제강점기에 태어나 일본어를 할 수 있었기에 일서를 읽는 것이 어렵지 않았다. 이후에도 틈틈이 공부한 일본어는 사업을 크게 키우는 데 공신 노릇을 톡톡히 했다.

지금 생각해보면 파도 위의 배에서, 매일매일을 바쁘게 지내는 가운데 어떻게 책을 읽었을까 하는 생각도 든다. 그래서 과거 일기를 뒤져봤다. 1961년 1월 25일자 일기에는 이렇게 적혀 있다.

"선원들은 갑판 위에 차양막을 쳐놓고 마작, 바둑, 장기에 열중이다. 나는 출항 이래 취미가 붙은 독서를 했다. 일본에서 구입한 사상지와 소설을 읽는 데 대부분의 시간을 보냈다."

그때도 지금도 내게 독서란 지식의 그물을 짜는 일이다. 돌아다니는 아이디어를 붙잡아야 하는데, 그게 좋은 아이디어인지 아닌지 구분하기 위해서는 머릿속에 기초 데이터가 입력돼 있어야 한다. 지식의 그물이 잘 짜여 있을수록 무엇이 의미 있는 신호인지를 찾아낼 확률이 높아진다.

참치를 잡을 때도 마찬가지였다. 앞에서도 얘기했지만 가장 먼저 선행되어야 할 것은 참치에 대한 이해였다. 회사 일이라고 하면 자신의 업무에 대한 이해라고 할 수 있다. 나는 참치를 본 적도 없이 항해를 나갈 때 어류도감을 사서 공부했고, 참치를 잡고 나서는 그다음 일을 했다. 참치의 배를 따는 일이었다. 배 속을 들여다보면 그들이 좋아하는 먹이가 무엇인지 알 수 있다고 판단했기에, 배를 갈라 그 먹이를 하나하나 기록했다.

바다의 새들에 대해서도 공부했다. 참치는 수면에서 꽤 깊은 곳에 있기에 육안으로 확인하는 것은 불가능하다. 그러나 바다에는 고맙게도 그곳에만 사는 바다갈매기, 가마우지 등 바닷새가 떼 지어 날아다닌다. 이 새들은 무리를 지은 멸치나 전갱이 등을 수직 낙하해 잡아먹고 사는데, 즉 이 새들이 있다는 것은 틀림없이 먹이 취향이 같은 참치류가 그 인근을 돌아다니고 있다는 뜻이다. 그것이 어군을 탐지하는 1차적 근거가 된다. 바다 위의 새를 보고, 바다 밑의 물고기를 잡기 위한 실행의 조건은 바닷새들에 대한 지식인 것이다.

지식 다음은 경험이다. 이 새들이 그저 흥겹게 노는 것인지 물고기를 잡기 위해 호시탐탐 기회를 노리는 것인지는 선장의 오랜 경험과 예민한 관찰로 판단해야 한다. 수많은 성공과 실패를 반복하는 것이 경험이라면, 이 경험에서 쌓인 보이지 않는 지식을 제대로 축적하는 수단이 예민한 관찰이다.

예민한 관찰이란 단어를 쓴 이유는 어느 것 하나 그냥 흘려보내지 않는 주의력을 강조하기 위함이다. 이는 경험이 축적되지 않고 빠져나가는 것을 막는 잘 짜인 그물망이라고 할 수 있다. 인지심리학자들은 이를 '직관'이라고 부르기도 한다. 보이지 않는 것을 보는 힘. 이 직관은 지식과 경험이 축적돼 통찰력을 갖게 된 사람들에게만 주어지는 것이다. 보이지 않는 것을 보려면 일반인들이 의식하지 못하는 패턴에 대한 예민한 관찰이 필요하다. 또는 일반적인 예상이나 움직임에서 벗어나는 이변을 민감하게 받아들이는 것도 필요하다.

~~~~~~

직원들에게 독서를 강조하는 이유도 여기에 있다. 독서는 새로운 경영기법이나 기술 등 전파매체를 통해서 얻는 것과는 다른, 논리적인 시대의 흐름을 가장 객관적으로 받아들일 수 있는 방법이라고 확신한다. 편견에서 벗어나 있는 그대로의 역사와 사건을 봐야 일어나는 일의 실체에 접근할 수 있다.

나는 독서를 하고 글을 쓰며 사업을 체계화하고 구체적으로 사고하고, 미래를 내다보는 능력을 키웠다. 그 경험 때문에 지금도 동원에서 정기적으로 직원들에게 독후감 쓰기를 권장하고 있다. 읽기만큼 쓰기도 중요하다고 믿기 때문이다.[*] 읽기가 지식과 정보의 습득을 위한 것이라면, 쓰기는 그 지식과 정보를 진정한 내 것으로 체화하는 과정이라 하겠다.

간혹 인생에서 가장 감명깊게 읽은 책을 추천해달라는 요청을 받는다. 이런 질문을 할 수는 있지만 정답은 없다는 게 내 답이다. 사람마다 전공도 취향도 관심도 다른데 특정한 책을 읽으라고 하는 것은 문제가 있다고 생각한

• 실제로 김재철 회장은 초등학교 4학년 1학기 국어 교과서(1989~
  1996)에 〈남태평양에서〉, 실업계 고등학교 2학년 국어교과서
  (1975~1988)에 〈거센 파도를 헤치며〉, 중학교 2학년 1학기 국어
  교과서(1984~1989 / 1996~2001)에 〈바다의 보고〉 등의 글을 실
  었다.

다. 내 답은 이것이다.

"많이 읽고, 많이 써라. 그게 전부다."

전쟁의 신이라 불린 나폴레옹도 책과 함께했다. 나폴레옹 묘지에 그가 벌인 위대한 전투의 이름이 새겨져 있다. 이상한 점은 바그람, 아우스터리츠, 마렝고 등은 전략적 요충지라고 보기 힘든 지역들이라는 것이다. 빈, 밀라노, 베를린 등 전략적 가치가 있는 곳에서는 전투를 하지 않았다.

이유가 있었다. 나폴레옹이 전장에 있는 그림을 보면 말을 타고 있는 그의 옆구리에 책이 보인다. 그것은 전쟁사 책이었다. 역사에 대한 철저한 이해를 바탕으로 그는 현재의 전황을 해석했다. 전략적 가치가 있는 곳에는 강력한 적군이 있었고, 이들과는 전쟁을 하지 않았다. 이길 수 있으면 싸우고, 이기지 못할 것 같으면 적의 손길이 닿지 않는 곳으로 움직이며 유럽을 정복했다. 이길 수 있는 곳과 이기지 못하는 곳을 판단하는 통찰력, 그 시작은 전쟁의 역사에 대한 철저한 인식, 즉 독서였다.

~~~~~~~

책의 중요성과 함께 강조하고 싶은 것은 신문 읽기의
필요성이다.

온라인 시대다. 젊은이들이 신문을 잘 보지 않는다. 나
는 종합지에 경제지, 국내 신문은 대여섯 개를 본다. 또
일본 신문도 하나를 본다. 모든 기사를 보는 것은 아니다.
하루에 신문 보는 시간은 30분이나 1시간 정도다. 제목을
쭉 보며 언론들이 중요하게 다룬 내용을 살펴본다. 온라
인으로 볼 때는 개별 기사를 보지만 언론이 설정하는 어
젠다나 중요도는 알 수 있는 방법이 없다.

외국 신문을 보는 이유는 좀 다르다. 한국에도 중요한
내용인데 국내 언론이 감추거나, 무시한 기사들이 있다.
정치적 이유로 기사를 빼고 넣고 하기 때문이다. 외국에
서는 그런 빈도가 덜하기 때문에 객관적으로 세상을 볼
수 있다는 생각 때문이다. 세상은 한국을 중심으로 돌지

않는다. 한국이 모르는 정보를, 한국에선 대단치 않은 사건을 크게 보도한 것도 보고 다른 의미를 찾아낼 수 있다. 세계가 하나로 묶여 외부 환경을 인식하는 게 중요한 시대인데 그것을 가장 손쉽고 빠르게 파악할 수 있는 방법은 신문이라는 게 내 판단이다.

신문을 볼 때 큰 기사가 중요한 기사라는 생각에 그런 기사만 읽는 사람이 많다. 하지만 진짜 중요한 기회는 1단 작은 기사에서 찾는 경우가 많다. 나를 바다로 이끈 두번째 계기는 〈국제신문〉에 나온 원양어선 선원 모집 광고였고, 현재 한국투자금융의 모태인 한신증권을 인수한 것도 신문에 난 작은 증권사 매각 기사였다.

세상을 움직이는 메가 트렌드도 시작은 마이크로 트렌드다. 미국에서도 데이터를 다루며 미래를 예측하는 사람들이 지방지에 난 1단짜리 기사에 주목한다는 얘기를 들었다. 메가 트렌드가 될 가능성이 보이는 이벤트와 흐름을 찾기 위한 노력이 아닐까 한다.

상상력과 창의성의 필요충분조건

일론 머스크는 어릴 때부터 과학소설을 많이 읽었다고 한다. 머스크가 트럼프 2기 정부에서 핵심적인 역할을 하면서 그에 대한 평가는 엇갈리지만 그의 천재적인 발상의 근원이 다양한 독서에 있다는 건 부인하기 힘들다.

아이작 아시모프의 '파운데이션' 시리즈가 대표적인 책이다. 또 더글러스 애덤스의 『은하수를 여행하는 히치하이커를 위한 안내서』 등 다양한 SF 작품도 영감의 원천이 됐다. 이와 함께 벤저민 프랭클린, 스티브 잡스 등

혁신적인 역사적 인물들의 전기에도 영향을 받았다. 일론 머스크는 또 과학자들의 저서도 자주 읽었다. 이렇게 축적된 지식을 그는 날카로운 관찰을 통해 사회적 요구에 결합시켰다. 전기차, 재생에너지, 우주 기술 등이 그렇다.

머스크처럼 꿈꾸기 위해서는 호기심 또는 흥미를 갖는 게 필요하다. 무언가를 볼 때 흥미를 갖고 보지 않으면 참된 가치를 알 수 없다. 흥미가 없으면 알고 싶지 않고, 알고 싶지 않으니 수많은 좋은 기회들을 흘려보내게 된다. 아이디어는 허공을 떠돌다 잠을 준비가 된 자의 머릿속에 둥지를 튼다. 매사에 흥미를 갖게 되면 삶의 태도가 달라진다. 여행을 가도, 영화를 봐도, 음식점을 가도 호기심이 있으면 보이는 게 달라진다.

더불어 상상력과 창의성을 위해 필요한 자세는 열린 마음이다. 절대적 지식으로 인정받는 명제도 시대가 변하면 다른 명제로 대체된다. 이 가능성을 항상 열어놓고 지식, 사물, 사람을 대해야 한다. 특히 정보가 소화 불가능할 정도로 넘쳐나는 시대에는 더더욱 인간은 편견에 빠질 가능성이 높다.

이런 오류에 빠지지 않고, 건강한 상상을 하기 위해서는 열린 마음이 필요하다. 딱 맞는 예는 아닐지 모르지만 수많은 연구소가 한적한 시골이 아니라 도시에 자리잡고 있는 것을 생각해보면 알 수 있다. 도시에서 교차하는 수많은 정보를 흡수하고 융합하는 것이 상상, 공상, 나아가 새로운 발견과 발명의 재료가 되기 때문이다. 융합과 열린 마음은 어쩌면 상상에 필요한 한 세트인지도 모른다.

뇌에 대한 이런 농담이 있다. 저승에서 뇌를 거래할 때 제일 싼 뇌는 이승에서 어떤 일을 했던 사람의 뇌일까. 기업인이라고 한다. 생존을 위해, 성장을 위해 살아 있을 때 뇌를 많이 써 낡아버렸기 때문에 가치가 없다는 얘기다. 그렇다면 제일 비싸게 거래되는 뇌는 어떤 직업인의 뇌일까. 이는 각자의 상상에 맡긴다.

일반 사람은 죽을 때까지 뇌의 10퍼센트도 못 쓰고 죽고, 에디슨이나 아인슈타인 같은 사람들이 15~16퍼센트 정도를 쓴다고 한다. 나에게 주어진 자산을 10퍼센트밖에 쓰지 못하고 죽는 것은 좀 억울한 일 아닐까. 누군가가

말한 "생각하지 않는 것은 죄다"란 말에는 많은 의미가
함축돼 있는 것 같다.

열정의 온도

풍랑이 일 때, 진짜 항해가 시작된다

열정

누구를 위해 일하고 있는가

熱情

바다에서 배를 타고 가다 강력한 태풍이 불면 사람들은 대부분 선원들이 파도를 볼 거라고 생각한다. 하지만 내 경험상 그 말은 틀렸다. 선원들은 파도를 보지 않고 선장의 얼굴을 본다.

　선박이 폭풍권에 진입하면 하늘은 짙은 회색으로 변하며, 산더미 같은 파도가 몰려온다. 선원들은 파도를 한번 바라보는 것만으로도 감당하기 어려운 공포를 느낀다. 이때 선원들은 파도를 보지 않고 모두 선장의 얼굴을 바라

본다. 선장의 표정에서 자신감과 담담함이 보이면 선장의 지시에 따라 단결하여 폭풍권을 벗어날 수 있다고 생각한다.

그러나 만에 하나 선장의 얼굴에 당혹감과 불안함이 보이면 선원들의 불안은 더욱 커져 수습할 수 없는 지경에 빠지는 경우가 많다. 이처럼 리더는 부하직원 모두를 책임져야 하는 막중한 위치에 있다. 부하들은 리더의 모습에서 자신의 미래를 찾게 된다. 그들은 최악의 상황에서도 태연할 수 있는 담력과 자신감을 지닌 리더만을 믿고 따른다.

리더의 어원에는 앞에서 먼저 바람을 맞는 사람이라는 뜻이 있다. 어원에 담겨 있는 리더의 조건은 희생과 배려라고 해석할 수 있다. 그래서 나는 자녀들뿐 아니라 손자들에게도 항상 희생과 배려 없이 신뢰를 바라는 것은 멍청한 욕심이라고 강조한다.

"주위를 배려해라. 윗사람이 되려면 자기가 희생해야 한다고 생각해야지 누린다고 생각하면 사람이 따르지 않는다."

다음으로 리더가 되려면 꿈이 있어야 한다. 따르는 사람이 많은 자가 곧 리더다. 따르는 사람을 모으는 데 가장 필수적인 것이 꿈이다. 그 꿈에 동조하는 사람들이 모이면 조직이 된다. 가치관을 공유하는 사람들이 모여야 그 조직은 활기를 띠게 된다. 테슬라의 일론 머스크가 사람들을 스카우트할 때 하는 말이 있다고 한다.

"미국은 인간의 탐험정신이 응축된 곳이며 모험가들의 땅이다. 따라서 그런 정신은 미국에서 되살려야 하며, 가장 좋은 방법이 화성 식민지 개척에 착수하는 일인데 한번 같이 해볼 생각이 없는가?"

이를 들은 사람들은 대부분 흥분된 마음으로 머스크에게 빠져든다고 한다. 인재들이 모이는 곳이 곧 미래형 기업이다. 머스크는 리더가 갖고 있는 꿈의 크기가 얼마나 중요한지를 보여주는 대표적 사례다. 이 꿈은 리더와 조직원들로 하여금 끊임없이 새로운 것을 추구하게 한다. 다른 말로 하면 끊임없이 창조하기다.

이 같은 열정과 협력으로 끊임없이 새로운 것을 창조해가는 기업만이 살아남을 수 있다. 기술 발전의 속도는 더욱 빨라지고 있다. 아무리 뛰어난 기술이라도 몇 년이 지나면 낡아지는 만큼 꿈을 갖고 끊임없이 새로운 것을 추구하고 도전하지 않으면 살아남을 수 없는 것이 오늘날의 기업 생태계다.

마지막으로 리더에게 필요한 것이 있다면 과감한 실천이다. 산을 옮기는 것은 경제학 이론이 아니라 트랙터다. 이론도 중요하지만 문제를 실천적으로 해결하는 자세가 필요하다. 조선이 기울어진 것은 실천적 과제가 아닌 형이상학에 과도하게 집착하며 현실, 특히 세상을 진보시킬 기술을 도외시했기 때문이라는 게 일반적 평가다.

그렇다면 언제 실천할 것인가.

지금이다.

세상에서 가장 파괴적인 단어는 나중이고, 가장 생산적

인 단어는 지금이다.

~~~~~~~

자신만의 선택을 실행하기 위해 특정한 상황을 이겨냈을 때 또다른 선물이 기다리고 있다. 커지는 인내력이다. 예를 들면 회사에서 중요한 프로젝트를 맡게 되면 즐기고 싶은 모든 것을 미루는, 즉 욕망을 지연시키는 상황에 처한다. 이런 일이 반복되면 당장 하고 싶은 욕망을 지연시키는 능력이 향상된다. 이런 경험은 앞으로 발생할 더 어려운 일을 견딜 수 있게 해주는 인내력을 갖게 만들어준다. 이는 삶을 살아가는 데 중요한 무기가 된다.

이름을 많이 들어본 수많은 성공한 경영자들은 자신의 부족함을 극복하기 위해 자신만의 선택을 함으로써 운명을 개척했다. 기업가정신이란 말이 그래서 중요하다. 기업가정신은 모험정신이며, 모험정신은 부족함이나 난관이 있을 때 그것을 극복하기 위해 발휘되는 정신이라고 할 수 있다. 개인적 결핍, 사회적 결핍, 국가적 결핍 등이 모두 포함되는 개념이다.

어려운 상황을 뚫고 무언가를 이뤄냈을 때 그 보상의 가치는 더욱 높아진다. 젊은 시절 배를 타고 참치를 잡기 위해 머나먼 원양으로 몇 달씩 항해를 나가곤 했다. 그 기간 동안 바다에서 할 수 있는 일은 아무것도 없었다. 지금 같은 통신도 없고, 에어컨도 없던 시절이었기에 남태평양의 무더위를 온전히 견뎌야 했다. 숱한 파도를 만나 목숨 건 사투를 하기도 했다. 이 모든 역경을 이겨내고 맞는 만선의 기쁨은 무엇과도 비교할 수 없다.

그 기쁨은 다시 배를 타는 원동력이 됐다. 매일 쉬는 사람에게 주말은 큰 보상이 되지 않는다. 하지만 평일 전력을 다해 일한 사람에게 주말은 엄청난 보상이 되는 것과 같은 이치다.

기업을 경영할 때도 마찬가지다. 이런 어려운 상황은 나에게만 주어지는 것이 아니다. 경쟁자들에게도 똑같이 주어진다. 한국에는 수천수만 개의 회사가 나타났다 사라졌다. 그들이 사라진 시기는 시련이 닥쳐온 도전의 시기였다.

1970년대 두 번에 걸친 오일쇼크로 배에 들어가는 기름값이 엄청나게 올랐을 때 비용부담의 증가로 수많은 수산회사가 사라졌다. 어업을 한마디로 말하면 석유를 바다로 싣고 나가 물고기와 바꿔 오는 것이다. 석유값이 오르니 손실은 커질 수밖에 없다. 웬만큼 탄탄한 회사가 아니면 이를 견뎌내기 어려웠다.

1980년대 200해리 경제수역*이 선포되면서 어업의 경계가 그어지고, 자유로운 어획이 어려워졌을 때도 경쟁사들은 무너졌다. 그뿐만 아니라 한국 사회를 흔들어놓은 1997년 외환위기 때도 수많은 대형 수산회사가 사라졌다. 동원은 그때마다 새로운 도전과 해법으로 상황을 헤

• 배타적 경제수역(EEZ)이라고도 한다. 자국 연안으로부터 200해리까지의 모든 자원에 대해 독점적인 권리를 행사할 수 있는 유엔 국제해양법상의 수역을 의미한다. 이 지역에서는 생물자원뿐만 아니라 해저 광물자원 탐사개발권, 인공섬 시설 설치 운영권 등 여러 권한을 가질 수 있다.

쳐왔다.

성공한 사람들이 이야기하는 '수많은 난관이 경쟁자를 걸러줬다'고 하는 사실을 명심해야 한다. 많은 젊은이가 '나는 환경이나 여건이 좋지 않다'고 이야기한다는 얘기를 들었다. 그러나 지금까지 말한 것처럼 주어진 환경이 사람의 성공을 좌우하는 건 결코 아니라는 것을 강조하고 싶다. 일본 센고쿠시대를 통일한 도쿠가와 이에야스는 이런 말을 했다.

"인생의 짐은 무거울수록 좋다. 그것에 의해 인간은 성
    장하니까."

다소 벅찬 일은 처음 얼마간은 괴롭겠지만 그것을 통해 성장하는 것이다. 젊은 시절에는 새해 노트를 사면 맨 앞장에 이 말귀를 적어놓고 다니며 나를 돌아봤다. 가능한 쉬운 일만 골라 하려는 사람은 결국 자신을 왜소화하는 결과를 낳게 된다. 고생을 헤쳐 나가는 것도 성실이라고 생각한다.

배를 타고 항해할 때 큰 태풍을 만나기도 한다. 그 태풍의 엄청난 힘 앞에 맥없이 주저앉아버리면 영원히 살아날 수 없다. 태풍을 피하는 길은 순풍으로 항해하는 것이 아니라 바람과 정면으로 맞서는 것이다. 파도와 싸워 태풍권을 벗어났을 때 어떤 느낌이 드는지 경험하지 않은 사람은 모를 것이다. 그때만큼 감격스럽고 희열을 느낀 순간이 없었다. 태풍을 겪어보지 못한 사람은 그 희열을 맛볼 수 없다. 그 또한 고난이 준 선물이다.

각오
어떻게 살 것인가

覺悟

지금은 그때를 담담하게 이야기하지만 바다는 무서운 존재다. 때로는 잔인하기도 하다. 바다에서 물고기를 잡으며 수없이 많은 위험한 순간과 때로는 죽음까지도 마주쳐야 했다. 죽은 동료를 건져내 배에서 직접 시신을 수습하는 일도 여러 번 했다.

오래전 남태평양과 인도양을 개척하며 수백 명의 한국 선원이 자신의 목숨을 바다에 바쳤다. 그들의 무덤은 지금도 사모아섬 등에 흩어져 있다. 뱃사람들은 그곳에 갈 때마다 성묘를 하는 것이 함께 바다를 개척한 동료들에 대한 예의라고 생각한다. 그때 생각했다.

'바다는 참치도 주지만 죽음과 공포도 주는구나.'

그 순간을 경험하지 못한 사람들은 알지 못한다. 산더미 같은 파도, 거센 풍랑을 만나면 뱃사람들은 살기 위해 사력을 다한다. 다른 한편으로는 죽음이 내 눈앞에 와 있음을 느낄 때도 있다. 모든 것을 집어삼킬 듯한 파도가 덮쳐 세상이 암흑으로 바뀌면 '아 이걸로 끝이구나'라는 생각이 든다. 인생의 끝이 보이는 순간이다.

그 순간 참 묘하게도 한 편의 필름이 머릿속을 스쳐지나가곤 했다. 마치 영화처럼 지금껏 살아온 인생의 파노라마가 눈앞에 펼쳐지는 것이다. 온갖 사투 끝에 죽음의 영역을 벗어나는 경험을 몇 번 하고 나면 저절로 담대함이 생긴다. 두려운 것이 별로 없어지는 상태가 되는 것이다.

사실 사람에게 죽음보다 더 겁나는 것이 무엇이 있을까? 생각해보면 별로 없다. 심장도 죽을 고비를 넘기며

더 단단해진다고 해야 할까. 담대함과 함께 인생을 새로 사는 느낌도 얻는다. '죽었으면 아무것도 없을 인생인데 지금까지 살아 있는 것 자체가 행복이구나'라고 현실을 받아들이게 된다.

죽음에서 벗어나면 새로운 삶을 사는 것이라고 느낀다. 다시 그 바다로 가지만 어제의 바다와 오늘의 바다가 다르게 보인다. 그러면서 자연스럽게 스스로에게 질문을 던지게 됐다.

"앞으로 어떻게 살 것인가?"

그리고 이렇게 생각했다.

'자칫하면 파도에 휩쓸려 죽었을 것을, 덤으로 한번 더 사는 인생 당당하고 떳떳하게 살다 가자. 구질구질하지 않게 사는 거야.'

보너스 같은 인생인데 스스로 당당하게 살자는 생각에

이른 것이다. 그래서 한 번쯤 인생에서 가장 힘들었을 때를 생각해보는 것이 필요하다. 실패와 좌절, 상실에 고통스러웠던 그 시절을 말이다.

그때에 비하면 지금은 어떤가. 그때보다는 훨씬 나은가? 아니면 그때에 비해 나는 더 단단해졌는가?

사람의 뇌는 학습을 통해서 단련되고, 사람의 심장은 고난을 통해 단련된다고 한다. 현재의 상태가 가장 어려웠던 시절보다 훨씬 낫다는 생각이 들면 이미 출발선 앞에 나와 있는 것이다. 과거의 고난은 인간에게 오늘의 삶을 긍정하게 만드는 역할을 한다.

구질구질하게 살지 않겠단 결심은 예상하지 못한 긍정적 효과도 가져다줬다. 가장 직접적인 효과를 말하면, 판단이 쉬워졌다. 삶도 그렇고 기업경영도 그랬다. 당당하지 못한 일이라는 생각이 조금이라도 들면 하지 않았다. 얼마나 쉬운 일인가. 도리에 맞으면 하고, 맞지 않으면 안 하면 된다. 쓸데없는 고민의 시간을 줄여줄 뿐 아니라 습관이 되면 인생철학이 되고, 경영의 원칙이 된다.

단기적으로는 편법이 빠를 것 같지만, 장기적으로는 당

당한 길을 가는 것이 훨씬 빠르다. 동원산업의 경영이 이를 보여준다고 하면 과한 자찬이 될지도 모르겠지만, 그 원칙을 나는 '정도正道경영'이라고 부른다.

~~~~~

1970년대 초 수산업계에는 이런 말이 있었다.

"두 부류의 수산업체가 있다. 한 부류는 원양에서 참치를 잡고, 다른 한 부류는 중앙청(정부 청사)에서 참치를 잡는다."

수산업에 대한 정부 지원이 많을 때였다. 본업의 무대인 바다가 아니라 정부 지원을 받기 위해 관료들만 찾아다니는 기업가가 많았다는 이야기다. 아이러니한 것은 그때 중앙청에서 물고기 잡는 것으로 알려진 회사는 지금 한 군데도 남아 있지 않다는 점이다. 자신의 경쟁력을 갖추지 않고 외부 지원에만 의존하면 망할 수밖에 없다. 이

것은 개인이건 기업이건 다 마찬가지다. 그래서 우리는 스스로에게 정기적으로 질문을 던질 필요가 있다.

"나의, 우리 회사의 본질적 경쟁력은 무엇인가. 세상의 변화에 대응할 준비가 되어 있는가?"

바다에서 경쟁력은 물고기를 잘 잡는 것이다. 이를 알았기 때문에 동원은 초기부터 정부 지원을 일절 받지 않았다. 그렇기에 지원을 받는 회사와 경쟁할 수 있는 길은 딱 하나였다. 그만큼 물고기를 더 잘 잡는 것이었다.

당당한 삶, 구질구질하지 않은 삶, 그리고 정도경영을 모토로 하는 동원에는 어업의 원칙이 한 가지 더 있다. 국내 연안에서는 물고기를 잡지 않는다는 것이다. 동원은 현재 세계에서 물고기를 가장 많이 잡는 기업이다. 이 기업이 국내 연안에서 물고기를 잡기 시작하면 어부들은 막대한 피해를 입을 것이다. 그 원칙을 창업 때부터 지금까지 고수하고 있다.

정도경영은 때때로 예상하지 못한 이득을 가져다주기
도 한다. 바로 좋은 평판이다. 미국의 존경받는 투자가 워
런 버핏은 이런 말을 했다.

"평판은 쌓는 데 수십 년 걸리지만 무너지는 데 5분이
면 충분하다."

그만큼 쌓는 것도 지키는 것도 어려운 게 평판이다.
1990년 일이다. 큰아들이 일본에서 MBA과정을 밟을 때
였다. 그땐 동원이 작은 회사였을 때다. 아이의 성장에 자
극도 주고, 미래를 대비하는 차원에서 미리 회사 주식을
증여하기로 결정했다. 증여세가 나오면 '당연히 내면 되
지'라고 생각했다. 그러나 당시 사회 분위기는 달랐다. 법
망을 피해 절세를 가장한 탈세를 하는 것이 일반적이었
다. "세금 다 내면서 어떻게 사업을 하냐"라는 말을 기업
인들이 입에 달고 다녔다.

하지만 동원은 이 세금을 어떻게 피할지 고민하지 않았다. 62억 3,800만 원을 한 번에 냈다. 회사 규모가 작을 때라 부담되지 않는다고 하기에는 너무나 큰돈이었다. 하지만 구질구질하게 속여서 뭔가를 얻기는 싫었다. 그런데 이 사실이 뒤늦게 알려지면서 많은 신문이 이를 보도했다. 그때는 몰랐지만 당시까지 자진 납부한 증여세로는 사상 최대 금액이었다. 1991년 3월 9일 〈조선일보〉에 '이 사람'이라는 제목의 사설까지 실렸다.

"감히 우리 사회의 어두운 곳을 향해 '이 사람(김재철 회장)을 보라'고 외치고 싶다. 국민과 함께 그에게 충심으로부터의 박수를 보낸다."

이런 칭찬과 좋은 평판을 얻고 나니 더욱 정도에 집착할 수밖에 없게 됐다. 그동안 동원이 도덕적 흠결로 욕먹은 일이 없었던 것은 모두 정도에 대한 집착 때문인지도 모른다.

다른 일도 있었다. 과거 한 정권이 막 들어섰을 때다. 어느 일간지에 내가 당시 대통령에게 50억 원을 정치자금으로 줬다는 기사가 실렸다. 청천벽력 같은 기사였다. 야당은 정권이 뒤집힐 만한 일이라며 청문회를 열었다. 그리고 청문회로 나오라는 요구서가 날아왔다. 주변 사람들은 나가지 말라고 했다. 가면 망신만 당하는 게 청문회인데 뭐하러 나가냐는 것이었다. 외국에 나가 있거나 병원에 입원하고 안 나가면 된다고들 했다. 시간이 지나면 다 잊힐 것이라고도 했다.

하지만 난 생각이 달랐다. 지은 죄가 없는데 왜 안 나가나. 오히려 당당히 나가서 진실을 밝히는 게 낫다고 생각했다. 그렇게 청문회에 나갔다. 한 의원은 내가 자리에 앉자마자 호통을 치기 시작했다. 답변하려고 하면 막고 소리를 질렀다. 결국 나는 참지 못하고 말했다.

"청문회는 들을 청聽, 들을 문聞, 증인을 불러서 듣는 걸로 알고 있습니다. 퍼블릭 히어링public hearing입니다. 어째서 저를 피의자처럼 심문만 하십니까. 제게도 말할 기회를 주셔야 하지 않겠습니까? 왜 의원님들만 이야기하고, 내가 답변하면 끊는지 이해되지 않습니다. 내가 돈을 줬다고 하는데 그렇다면 증거를 가지고 오세요. 나는 50억 원 아니라 50원도 준 적이 없습니다."

말을 하다보니 나도 언성이 높아졌다. 정치자금의 대가로 수협 출자금을 동원이 가져다 쓰고 있다는 의혹을 제기한 의원도 있었다. 이에 대해서도 "지금 수협에 한번 전화 걸어서 물어보세요. 동원이 돈 쓰고 있는가 안 쓰고 있는가. 한푼도 안 쓰고 있어요"라고 반박했다. 의원들은 말문이 막히자 조용해졌다. 이 청문회가 끝나고 당시 국회의장이던 박관용 의장은 이렇게 말했다.

"김 회장이 우리 국회 청문회 역사를 바꿔놨어요."

그리고 정치자금 의혹을 제기한 국회의원을 상대로 소송을 제기했다. 명예훼손 소송이었다. 물론 그 소송에서도 이겼다. 잔불을 완전히 끄지 않으면, 나중에 어떤 계기로 발화할지 모른다. 문제해결의 최종 지점은 완전한 진화다.

이후 사람들은 어떻게 국회에서 그렇게 담대하게 말할 수 있냐고 묻곤 했다. 그때마다 이렇게 답했다.

"죄지은 것이 없는데 왜 기가 죽어야 하나요. 바다에서 죽다 살기를 여러 번 해서 죽고 살고에 연연하지 않는다면 겁날 게 별로 없어요."

~~~~~~

한번은 기자에게 질문을 받았다. 어떤 기업인으로 기억되고 싶냐란 질문이었다. 답은 단순했다.

"정도正道를 열심히 걸어간 기업인."

동원그룹도 마찬가지다. 정도를 걸으며 성장했다. 정도

경영을 하려면 법을 지켜야 한다. 직원들한테도 항상 강조한다. 심지어 악법이라도 법은 법이니까 지키라고 한다. 그 법에 문제가 있다면 무리하게 정부와 부딪치면서까지 그와 관련된 사업을 하려고 하지 않았다. 그래서 신문에 스캔들이 난 적도 없다.

정도란 단순하지만 정의하기는 어렵다. 내가 생각하는 정도란 법을 바르게 지키고 남한테 피해 주지 않고 사는 것, 그리고 거짓말을 하지 않는 것이다. 이 정도만 해도 정도에 가까울 수 있다. 자식들에게도 똑같이 얘기한다.

"정도로 살아라."

그 의미를 조금 확장하면 '당신이 이 세상에 나와서 남한테 신세 진 것보다 조금이라도 더 갚고 간다고 생각하고 살아라' 정도가 될 것이다. 그것이 훌륭한 삶이다. 좀 막연한 이야기 같지만 의미가 있다고 생각해서 기회가 되면 항상 사회에 좀더 돌려주고 가라고 말하고 다닌다. 내 머리와 열정 그리고 몸과 돈, 이를 사회에 쓰고 죽으면 억울한가? 자신만을 위해 좀더 편안하게 살려는 사람에게는 이런 말도 한다.

"죽으면 영원히 편안해지는데 지금 편안하려고 그렇게 애쓸 필요가 있을까?"

정의

나의 C는 무엇인가

定義

사람마다 자신을 상징하는 단어가 있다. 그 단어가 곧 그 사람의 정체성이라고 할 수 있다. 나는 나 자신을 얘기할 때 항상 '도전'이라 말한다.

　프랑스 철학자 사르트르는 "인간은 누구나 B로 시작해 D로 끝난다"고 했다. 태어남Birth으로 시작해 죽음Death으로 끝나도록 한 것은 누구에게나 공통적으로 적용되는 신의 설계라는 것이다. 그렇다면 신은 왜 B와 D 사이를 떼어놨을까. 그 사이를 채우는 것은 인간의 몫이기 때문이다. 각자가 선택하고 실행하는 것이다. 그래서 운명은 만나는 것이 아니라 만들어가는 것이란 말이 나온 게 아닐까.

C로 시작되는 수많은 단어가 있다. 그중 가장 먼저 떠오르는 단어는 Choice, 선택이다. 사람은 일생 동안 많은 선택을 한다. 학교, 직업, 배우자, 친구 등 일생의 운명을 좌우할 중요한 선택뿐 아니라 오늘 무엇을 먹을지 등 일상의 사소한 선택을 수없이 하게 된다. 하루에 적게는 150번, 많게는 수백 번의 선택을 한다고 한다. 그 선택이 모여 인생이 이뤄진다. 그렇다면 어떤 선택을 해야 할 것인가.

다음 C는 Challenge, 도전이다. 사람들은 수많은 도전을 받기도 하고, 도전을 하기도 한다. 또한 그 도전의 성패에 따라 운명이 달라진다. 역사학자 아널드 토인비는 "인류 역사는 도전과 응전의 역사"라고 했다. 그는 인간이나 국가나 생존하는 동안 수많은 도전을 받기 마련인데 그 도전에 잘 응전하여 이겨내면 더욱 강해지고 이겨내지 못하면 멸망한다고 했다. 개개인의 삶도 마찬가지다.

~~~~~~

　다음은 Change다. 세상 모든 것은 변한다. 그렇다면
어디서부터 시작할 것인가가 중요하다.
　그 첫번째는 나의 위치를 파악하는 것이다.

　'나는 어디에 서 있는가.'

　바다에서 선장의 첫번째 책무는 자기 배가 어디에 있
느냐를 아는 것이다. 자기 배의 위치를 모르면 어느 쪽으
로 선수를 돌리고 방향을 잡을지 알 수 없는 것은 당연하
다. 인생도 마찬가지다. 지금 내가 서 있는 곳, 처한 환경
이 어떤가를 정확히 인식하는 것이 좋은 선택을 하는 출
발점이다.
　많은 사람, 특히 젊은이들이 시행착오를 겪는 것은 환
경을 제대로 인식하지 않은 채 선택을 했거나, 아예 환경

에 대한 고려도 없이 행동을 먼저 하기 때문이다. 처한 환경을 이해하고, 제대로 된 인식을 갖기 위해서는 준비가 필요하다. 거창하게 말하면 올바른 역사인식을 가져야 한다. 과거에 대한 기억력, 현재에 대한 판단력, 그리고 미래를 위한 상상력을 기초로 하는 주관적이고 구체적인 인식이 그것이다.

국가도 기업도 사람도 역사를 갖고 있다. 각자 자신이 걸어온 길이 있다. 그 과정에서 자신이 갖고 있는 장단점과 잠재력을 파악할 수 있다. 이를 기초로 현재 무엇을 할 수 있고, 무엇을 하기 힘든지 판단해야 한다. 무언가를 한다는 것은 미래를 위한 투자이기 때문에 미래에 대한 상상력이 없으면 의미 없는 일을 할 가능성이 높다. 이 정도가 인생에서 도전을 위한 준비라고 할 수 있다.

도전을 가로막는 것은 안락함이다. 1965년 나는 고려원양이라는 수산업체에 스카우트됐다. 1958년부터 계속된 오랜 해상 생활을 마무리하고 육지 생활을 할 것으로 기대하며 회사를 옮겼다. 하지만 이듬해 다시 선장으로 나가달라는 회사의 요청이 있었다. 인도양 개척을 위해 광명 11호 선장과 배 세 척을 이끄는 선단장을 동시에 맡으라는 얘기였다.

처음에는 화가 났다. 이 일을 맡기려고 스카우트했나, 속았다는 배신감이 스쳐가기도 했다. 주변 사람들은 뭐하러 편한 육지 생활을 마다하고 현장 근무를 또 하냐고들 했다. 하지만 성격상 이런 부정적인 생각은 오래가지 않았다. 금세 마음을 고쳐먹고 부족하지만 한번 해보겠다고 답했다.

그때를 돌아보면 아마 미지의 세계, 성장하고 싶다는 생각이 오늘의 안락을 걷어차게 했던 것 같다. 한편으로는 결정적 기회라고 생각했다. 32세 때 일이다. 인도양 진출과 선단장의 경험은 이후 나에게 엄청난 기회로 작용했다. 선단장 역할을 성공적으로 완수하고 나니 자신감은 더 커지고 직접 사업을 하라는 제안도 들어오기 시작했다.

요즘 젊은이들에게 도전정신이 부족하다는 얘기를 많이 한다. 잘살고 풍요로워졌기 때문에 아무래도 뭔가에 도전해야 한다는 절박성이 떨어졌다고 할 수 있다. 또 과거 사람들의 꿈은 실체가 있었다. 시골에서 태어나고 자라 서울이나 부산 같은 대도시에 가서 살아야겠다, 어떤 직업을 가져야겠다 등 눈에 보이는 목표였다. 반면 복잡하고 풍족해진 현대에는 젊은이들이 가시성 있는 꿈을 갖기가 쉽지 않다. 하지만 역설적으로 그들은 이미 도전에 나설 수 있는 많은 조건을 확보하고 있기 때문에 미래는 긍정적이라고 말하고 싶다.

나에게 도전정신이 길러진 또다른 이유는 일찌감치 세계무대로 나갔기 때문인 것 같다. 세계 속에서 한국이 어떤 위치에 있는지 보면 뭔가 다른 것을 하고 싶다는 생각이 든다. 거꾸로 보는 지도를 만든 이유도 젊은이들에게 세계를 새롭게 보도록 하자는 취지였다. 그래서 과거 〈조선일보〉에 '상자 밖을 보며 뛰자'라는 제목의 글을 기고

한 적도 있다. 한국은 조그만 상자에 불과하다. 그 안에서 서로 경쟁한다는 것은 버스 안에서 자리를 차지하려는 것과 다를 바 없는 일이 아닐까. 무역협회장 시절 대학생을 대상으로 배낭여행 계획을 공모해 매년 200명에서 300명씩 아프리카 유럽 남미 등 세계 각지로 내보낸 것도 이런 도전정신을 일깨우기 위한 것이었다.

나의 경험으로 봐도 해외에 자주 오가면 자연스레 도전정신이 생기는 것을 느꼈다. 과거 후진국이었던 한국은 그 피폐한 삶에서 벗어나기 위해 한푼이라도 더 달러를 벌어야 하고, 경쟁업체인 일본의 회사들을 앞서야 한다는 도전정신을 길렀다.

하지만 지금은 다르다. 한국은 사계절이 있는 아름다운 국토와, 태평양을 향한 교두보를 갖고 있을 뿐 아니라, 세계에서 메모리 반도체를 가장 많이 생산하고, 선박을 가장 잘 만드는 나라, 첨단 제조강국이 되었다. 이는 전 세계 어디를 나가서도 확인할 수 있다. 동북아에서 기본권이 가장 잘 보장된 국가이기도 하다. 세계의 많은 나라가 한국을 부러워하고 있다. 과거에는 국가를 부흥하기 위해 도전정신을 가졌다면, 이제는 다르다. 국가는 젊은이들의 도전에 든든한 뒷배가 될 수 있다. 한국 여권으로 비자 없이 출입할 수 있는 나라가 무려 192개국이라고 하지 않는가. 해외에 나가서 자신이 할 일을 찾는다면 새로운 도전을 하고 싶은 생각이 더 들지 않을까 한다.

~~~~~~

한때 강의를 나가면 돋보기나 볼록렌즈를 가지고 다녔다. 햇볕에 초점을 맞춰 렌즈를 갖다대면 종이에 불이 붙는다는 것을 보여주기 위한 것이었다. 사람도 마찬가지다. 어떤 일에 초집중을 하면 자신의 경험과 지식을 뛰어넘는 생각을 하거나 해법을 찾을 수 있게 된다. 사람의 뇌도 근육과 비슷한 면이 있다. 한계에 달할 정도로 집중했을 때 뇌신경이 발달하고, 사고의 깊이도 깊어진다는 말이다.

물론 목표가 없을 수도 있다. 자신이 잘하거나 좋아하는 일을 찾지 못했을 수도 있다. 아마도 직장인 상당수가 그 케이스에 속할 것이다. 그럴 땐 어떻게 해야 할까. 지금 하는 일에 집중해야 한다는 게 내 경험의 결과다. 열심히 하는 과정에서 좋아하는 일, 하고 싶은 일도 구체화되고 열정도 생긴다. 하늘은 열정을 배신하지 않는다.

성장의 태도, 성공의 조건

공부든 일이든 무언가를 해나가는 데 가장 중요한 것은 '태도'다. 많이들 들어본 이야기겠지만, 더운 여름날 어느 스님이 힘들게 돌을 다듬고 있는 석공들의 옆을 지나가고 있었다. 스님은 한 석공에게 "무슨 일을 하고 있냐"고 물었다. 그 석공은 "보면 모르오, 돌을 다듬고 있지 않소" 하고 퉁명스럽게 대답했다. 좀 떨어져 일하고 있는 두 번째 석공에게도 "무슨 일을 하고 있냐"고 물었다. 그러자 석공은 "석조건물을 짓기 위해 돌을 다듬고 있소"라고 담담하게 대답했다. 스님은 조금 더 떨어져 일하고 있는 세번째 석공에게 같은 질문을 했다. 세번째 석공은 아주 밝은 표정으로 다음과 같이 대답했다.

"예, 훌륭한 법당을 짓기 위해 돌을 다듬고 있습니다."

이 세 석공 중에 누가 가장 행복했을까를 짐작하는 것은 어렵지 않은 일이다. 성공하는 사람은 꼭 공부를 잘하는 사람이 아니다. 그 예를 하나 들면 '화요'란 소주를 만드는 광주요의 조태권 회장이다. 막내로 태어난 조 회장은 부모님의 걱정거리였다. 하지만 자신의 재능을 발견하고 사업의 세계로 들어왔다. 광주요라는 도자기 업체를 먼저 설립했다. 그리고 '이 도자기에 마실 수 있는 한국의 고급 술은 왜 없을까'라는 생각을 하다 직접 만들기로 결심했다. 그리고 증류주인 화요를 만들어 크게 성공했다.

따지고 보면 비즈니스 세계에는 공부가 아니라 다른 분야에서 자신의 재능을 발견한 사람들이 차고 넘친다. 인류의 발전에 크게 기여한 에디슨이 어렸을 때 얼마나 엉뚱한 아이였는지는 굳이 말 안 해도 될 듯하다.

사람은 누구나 성숙하는 시기가 있고, 사람마다 남들보다 잘할 수 있는 한 가지 재주는 있다. 그 가치를 스스로 발견할 수 있는 환경이 되었을 때 자신이 주의를 기울이고 있기만 하면 된다. 그러지 않으면 그 기회를 놓치게 된다. 그래서 태도가 중요하다. 재미있는 일을 찾아 완성을 했을 때 느낄 성취감을 기대하며 일을 해야 한다.

하지만 많은 직장인이 끌려가듯 회사로 출근한다. '오늘 또 몇시까지 나가서 또 얼마나 상사들의 눈치를 봐야 할까' 이런 생각을 한다. 이러면 한없이 골치 아플 수밖에 없다. 대신 '내가 성장해가는 과정'이라고 생각하면 더 재미있게 할 수 있는 방법을 찾게 되고, 그러면 한없이 재밌어질 수도 있다.

~~~~~~~~

성장과 성공의 또다른 필요조건은 위기의식이다. 그런 말이 있다.

"역사적 성공은 죽을지도 모른다는 위기의식에서 시작
됐고, 역사적 실패의 시작은 찬란했던 시절의 기억에
서 시작됐다."

마이크로소프트 창업주 빌 게이츠의 '악몽메모'라는
게 있다. 빌 게이츠는 악몽을 자주 꿨다. 경쟁자들로 인해
망하는 꿈을 많이 꾸는데 그는 그 꿈을 메모해놨다. 어느
날 그 악몽메모가 유출된 것이다. 이 사고로 마이크로소
프트 주가가 폭락하는 일이 있었다. 나중에 그 메모가 꿈
의 내용이라는 것이 알려져 주가는 정상으로 돌아왔다.
빌 게이츠는 잘될 때나 안될 때나 항상 위기의식을 느끼
며 살았다.

삼성의 전 회장 이건희도 마찬가지다. 그는 "삼성이 2등,
3등을 할 때는 1등 빼고는 모두 사라지는 산업계에서 회사
가 망할까봐 두려웠고, 1등을 할 때는 누군가 우리를 1등
의 자리에서 밀어낼까 두려웠다"고 말했다. 그래서 이건
희 전 회장의 트레이드마크는 '위기경영'이었다.

에필로그

미완의 꿈

요즘은 인생을 마감해야 하는 시기가 다가와서인지 '죽으면 어디로 갈까? 우리가 말하는 영혼이라는 게 있는 걸까?' 이런 상상을 한다. 그리고 영혼은 있는 것 같다. 전에는 죽으면 별이 된다고 했는데, 우주를 공부해보니 별은 지금도 사람보다 훨씬 많은 것 같다. 그러면 우리는 죽으면 어디로 가는 걸까, 이런 생각도 한다.

이런 말을 하니 누군가는 "아이 같은 공상을 한다"고 말한다. 그럴 수도 있다. 하지만 더 중요한 것은 그 아이 같은 공상, 상상 중 수많은 것이 현실이 됐다는 점이다. 그런 면에서 공상과 상상은 문명을 만든 요체인 것이 분명하다. 이런 상상 중에 사업으로 이어지지 못한 것이 있다. 언젠가는 후배들이 그 상상을 현실로 만들어줄 수 있지 않을까 하고 기록을 남겨두는 차원에서 정리해봤다. 이것을 한 경영진이 '미완의 꿈'이라고 멋지게 명명해줬다.

~~~~~~

인도양에 있는 마다가스카르에서도 그런 아이디어를 떠올린 적이 있다. 아프리카 대륙 남동부에 있는 이 섬나라와는 한국에서 처음 진출한 기업이 동원이라는 인연이 있었다. 마다가스카르에 배를 타고 들어가다 다른 바다와는 다른 점을 발견했다. 이 섬 동쪽에는 수심이 15미터 정도 되는 얕은 바다가 넓게 펼쳐져 있었고, 그 밑은 모두 암반이었다.

'암반을 깎아내는 것은 불가능하지만 파일을 박는 것

은 가능하지 않을까.'

인공섬을 조성하는 데 천혜의 조건이었다. 이 인공섬을 동원이 독점적으로 개발하면 아프리카, 인도양의 전초기지를 조성하거나 최소한 어업기지로 활용할 수 있지 않을까 하는 생각이 들었다. 구체적으로 일을 추진하는 과정에서 마다가스카르 정부와의 커뮤니케이션이 쉽지 않아 포기하는 중이다. 상상하는 것이 다 현실이 되는 것은 아니다.

시베리아도 언젠가는 기회의 땅이 될 것이라고 생각한다. 생각의 출발은 단순했다. 지구 온난화였다. 그 자체로는 재앙과 같고 인류가 힘을 모아 막아야 하는 것임이 분명하다. 그러나 기업을 하다보면 모든 현상 속에서 기회를 찾고자 하는 본능, 그리고 상상력이 발동된다.

'지구 온난화가 계속된다면 그간 생물이 살 수 없었던 곳에서도 생물이 살 수 있지 않을까. 생물이 살 수 있다면 경작도 가능할 것이다. 그런 대표적인 땅은 어디

일까. 동토의 시베리아였다. 그곳은 지구 온난화로 생
태계가 바뀌고 있고 앞으로도 바뀔 것이다. 그러면 점
차 경작할 수 있는 곳이 늘어날 수밖에 없다. 그럼 이
곳에 대규모 농장을 설립하면 어떨까. 그러면 우리나
라의 식량자급률도 높일 수 있을 테니까.'

생각이 여기에 이르자 프로젝트로 만들어 추진하기 시
작했다. 꽤나 구체적으로 진행됐다. 시베리아 사정에 밝
은 한 퇴직 임원을 다시 불러 현지에 파견했다. 농장 설립
만 한다고 되는 일이 아니었다. 거기서 구체적으로 어떤
작물을 경작할 수 있을지, 경작한 작물을 어떻게 수송할
수 있을지, 농장에 필요한 전기 등 각종 러시아 현지 인프
라를 활용할 수 있을지 파악한 후에 사업성에 대한 최종
평가를 할 계획이었다.

그렇게 현지에 파견한 직원들의 보고는 쉽지 않다는
것이었다. 철도 등 인프라가 제대로 갖춰지지 않아 농사
를 지어도 작물을 수송하는 데 비용이 과다하게 든다고
했다. 시베리아 농장 프로젝트도 아쉽게 접을 수밖에 없

었다.

~~~~~~~~

시베리아 농장이 가장 추운 곳에 대한 공상이었다면 가장 더운 곳을 활용하는 상상도 해봤다. 사하라 태양광 발전이다. 앞으로 자동차뿐 아니라 비행기도 배터리로 가는 시대가 올 것이다. 전력 수요는 급증할 수밖에 없다. 배터리 충전에 필요한 전기는 현재 원자력, 수력, 화력을 쓰고 있다. 억지로 에너지를 끌어내고 있는 것이다. 그래서 이 문제를 해결하기 위해 태양빛이 가장 뜨거운 사하라사막에 대규모 태양광 시설을 설치하면 어떨까 하는 생각을 했다. 사하라사막의 절반에만 태양광 시설을 설치해도 유럽 전체가 쓸 수 있다고 하는 사람도 있다. 이것도 기술이 발전하면 어느 날 현실이 될 것이다.

또 미래 어업은 어떻게 발전할 것인가를 고민하다보면 수많은 아이디어가 떠오른다. 앞에서 말했듯 오래전 꿈만 같았던 육지에서 물고기를 키우는 육상 양식장 사업은 이미 많은 곳에서 진행되고 있다.

또다른 구상은 바다를 통째로 양식장으로 만드는 것이다. 한국과 중국 사이에 서해 바다가 있다. 서로 물고기를 더 잡겠다고 싸울 것이 아니라 양국이 협의해 바다를 목장으로 만드는 것이 가능하지 않을까. 초음파 등 전자 장벽을 설치해 넓은 바다를 통째로 양식장화하는 것이다. 산란장은 보호하고, 치어를 잡지 않도록 양국이 합의하면 어떤 일이 벌어질까. 예를 들어 연어는 알에서 부화해 1년간 크면 150그램 정도가 된다. 남은 1년을 더 키우면 6킬로그램이 된다. 물고기의 이러한 특성들을 활용하면 현재 생산량의 몇 배를 더 벌 수 있게 될 것이다.

인천대교를 건너면서 이 비슷한 생각을 한 적이 있다. 중국과 안 되면 인천과 같은 만이 있는 지역을 전파로 막아 바다목장을 만드는 것은 가능하지 않을까. 알아보니 국내에서는 기본적인 연구만 돼 있다고 했다. 부경대에서 이뤄진 연구다. 이런 연구는 하루빨리 진척돼야 한다. 우리가 상상하면 다른 누군가도 상상할 수 있기에 먼저 상상을 현실화한 사람이 시장의 대부분을 장악할 것이 분명하기 때문이다.

지금은 중국과의 관계가 원활하지 않고, 기술적으로도 바다를 어장으로 만들 수준이 되지 않아 쉽지 않을 수 있다. 하지만 언젠가 후배들이 바다목장의 꿈을 이뤄주지 않을까 하는 생각을 해본다.

열정이 묻고, 경험이 답하다

오랜 기간 직원들에게 강의를 했다. 외부 강의 요청도 많았다. 교육이 대단히 중요하다는 것을 알기에 웬만한 강의는 직접 다녔다. 그 과정에서 젊은 직원들과 대화하며 나 나름대로 직장생활을 잘하려면 어떻게 해야 하는가에 대한 질문을 받고 답을 주기도 했다. 정답은 아니지만 참조해볼 만한 가치가 있다고 생각해 몇 가지를 정리해봤다. 성공한 할아버지가 손주뻘 젊은이들에게 주는 직장생활 팁 정도라고 말할 수 있겠다.

Q1. 열심히 고민해서 결정했는데, 뒤늦게 그 선택이 잘못됐다고 생각될 땐 어떻게 해야 할까요?

A1. 인생은 선택의 연속입니다

저도 수산대에 들어갔다가 실망하고 잠시 다른 길로 가볼까도 생각해봤습니다. 그래서 준비한 것이 고시였죠. 당시만 해도 관료가 되는 것은 큰 성공이었거든요. 하지만 곧 포기했습니다.

　고시 과목에 국사가 들어 있어요. 우리는 초·중·고등학교에서 찬란하고 유구한 역사라고 배웠습니다. 하지만 그 역사는 아주 오래된 역사를 말하는 것입니다. 그마저 표현이 맞는지는 모르겠습니다. 근세사를 들여다보니 민망하고 부끄러울 정도였습니다. 조선 말기 얼마나 나라가 망가졌으면 국가가 세금징수권까지 다른 나라에 넘겨주고, 굶어죽는 사람이 속출했을까 하는 생각에 이르렀죠. 결국은 나라까지 빼앗겼잖아요. 이때 등장하는 조정의 부패와 관료들의 추잡한 행위를 보며 벼슬을 한다는 게 무슨 의미인지 고민을 할 수밖에 없었어요. 이는 관직에 대한 환멸로 이어졌고, 결국 고시를 포기했습니다. 아버지는 고시를 준비하지 않는 저에게 큰 불만을 가지셨지만, 돌이켜보면 너무 잘한 일입니다. 젊은 친구들은 이런 질문을 할 수 있을 것 같습니다.

"먹고살기도 힘든데 나라 걱정을 할 여유가 있었냐?"

이상하게 생각할 수 있겠지만 그때는 그런 정서가 있었습니다. 1950년대, 1960년대 초 한국의 1인당 국민소득은 100달러도 안 됐습니다. 3만 달러 시대인 지금과 비교할 수 없을 정도로 배고프고 찢어지게 가난했죠. 그러나 국가에 대한 묘한 정서가 있었습니다. 원양어선을 탄어부들이 고된 생활을 하면서도 수출역군이란 자부심이 대단했다는 것만 봐도 알 수 있습니다. 국가, 민족, 언뜻보기에는 거창한 생각 같지만 이런 큰 명분이 때로는 큰힘이 될 때도 있습니다.

인생은 선택의 연속입니다. 잘된 선택으로 만드는 것도 자신이고, 잘못된 선택으로 만드는 것도 자신입니다. 저는 그때의 선택 덕에 평생을 바다와 함께할 수 있었다는 면에서 후회 없는 선택이었다고 말할 수 있을 것 같습니다.

Q2. 요즘 친구들에겐 '워라밸'이 성공만큼 중요합니다. 워라밸을 지키면서 성공할 수 있는 방법이 있을까요?

A2. 젊음은 저축되지 않습니다

영국의 작가 버나드 쇼는 "젊음은 젊은이에게 주기에는 너무 아깝다"는 말을 했습니다. 젊음이란 황금과도 같은 것인데 젊은이들은 그 젊음을 속절없이 낭비해버리기 때문이라는 말입니다. 황금기를 보내는 사람들은 그 시간이 황금기인 줄 모르는 법이죠. 그런 젊은 친구들로부터 워라밸에 대한 질문을 받을 때가 있습니다. 시대의 변화와 젊은이들 생각의 변화를 반영하는 것이기 때문에 자연스러운 질문이라고 생각합니다. 다만 한 가지 해주고 싶은 이야기가 있습니다.

"젊음은 저축되지 않는다."

젊음이나 능력은 돈과 달라서 저축할 수 없습니다. 지금 이 시간이 지나면 그 능력이 나에게 남아 있지 않죠.

돈이라고 생각해봅시다. 이것이 지금 쓰면 가치가 있지만 몇 년 후에는 가치가 없어진다고 생각하면 당연히 지금 써야 합니다. 젊음과 능력도 마찬가지입니다. 이렇게 말했더니 한 젊은 직원이 질문을 하더군요.

"회장님, 그 말씀은 젊음을 좀더 즐기라는 것인가요?"

맞는 말입니다. 즐겨야 합니다. 인생을 즐기고, 일도 즐기면서 하라는 것입니다. 우리에게는 힘든 일을 즐기면서 하는 오랜 전통이 있습니다. 저는 농업학교 출신이라 실제 모내기도 많이 했습니다. 뜨거운 햇볕 아래 서서 힘들게 일할 때도 많았죠. 그때는 여러 사람이 함께 노래를 부르며 일했습니다. 노래 좀 하는 소리꾼이 선창을 합니다. 다양한 노래를 하면 박자 맞춰 함께 따라 부르며 일을 합니다. 그럼 힘든 게 좀 가시기도 했어요.

다른 일도 마찬가지입니다. 물론 여기서 중요한 것은 자기 적성에 맞는 일을 찾아서 해야 한다는 것입니다. 좋아하는 일을 하라는 말이죠. 좋아하는 일에 대한 정의가 무엇일까요. 그것도 간명합니다. 재밌어야 합니다. 그런 일을 하다보면 시간이 빨리 갑니다. 재밌고, 시간 가는 줄 모르고, 다른 사람보다 능률도 좋습니다. 이 세 가지가 같이 있으면 자기가 잘할 수 있는 일이라고 생각해도 큰 무리가 없습니다.

아마도 이를 보여주는 대표적 분야가 예체능일 것입니다. 노래나 운동을 좋아하는 사람들이 그 분야에서 성공하는 것을 보면 말입니다. 이는 일반 직장에서도 마찬가지입니다. 일을 즐기는 사람이 있고, 일에 끌려다니는 사람이 있어요. 나중에 보면 결국 즐기는 사람이 높은 자리에 가 있습니다. 그래서 능력 있는 사람보다도 좋아하는 사람이 일을 잘합니다. 중국에도 일을 좋아하는 사람보다 일을 즐기는 사람이 더 큰 성과를 낸다는 말이 있죠.

~~~~~~~~

워라밸 얘기를 마저 할까요? 워라밸은 선택의 문제입니다. 각자의 취향도 중요합니다. 직장생활이건 뭐건 열심히 해서 조직의 리더가 되겠다는 사람과 좀 편하게 살겠다는 사람이 있습니다. 일본에도 이런 현상이 심각하다는 뉴스를 본 적이 있습니다. 한 조사에서 젊은 직원 10명 중 8명이 관리직 승진을 원하지 않는다는 결과가 나왔다는 얘기였죠. 결국 중간관리자가 부족해 그 역할을 외부에 맡기는 일까지 벌어지고 있다는 기사였습니다. 관리자가 되면 후배도 양성해야 하고, 실적도 신경써야 하는 등 책임이 따르니까 이를 포기하고 좀 편하게 살겠다는 사람들이 그만큼 많다는 얘기였습니다.

한국 사회에서는 그 비슷한 현상이 워라밸 추구로 나타나는 것 같습니다. 충분히 이해할 수 있습니다. 과거 한국에서는 이런 문제가 없었어요. 일의 의미가 달랐기 때문입니다. 과거에는 일을 한다는 것이 가족을 굶기지 않고, 자식들을 교육시킨다는 것과 같은 의미였습니다. 하우 투 서바이브였죠. 하지만 지금은 달라졌습니다. 그래서 가치관이 어떻게 하면 즐기느냐, 즉 하우 투 인조이가 됐습니다. 가치관이 달라졌기 때문에 옛날 기준을 현재를 사는 직장인들에게 강요할 수는 없습니다.

그러나 분명한 것은 본인이 열심히 해서 올라가겠다고 한 사람과 적당히 한 사람은 굉장한 차이가 난다는 것입니다. 적당히 일하는 사람은 절대 주류가 될 수 없습니다. 물론 절대적 비교는 불가능하지만 미국에서 이런 일은 더욱 비일비재합니다. 미국의 기업 임원들 중에는 20대 30대가 수두룩합니다. 제조업체에는 임원이 20대인데 일반 관리직은 40대 50대가 많습니다. 일례로 스타키스트에 근무하는 직원 중 아들은 대학을 졸업하고 열심히 일해서 지금 과장급인데, 아버지는 오래 근무했지만 여전히 대리급으로 일하는 경우도 있어요. 중요한 것은 어릴 때는 두 부류의 차이가 크지 않지만 해가 갈수록 그 격차는 더욱 벌어진다는 것입니다. 물론 어느 쪽이 옳고 그르다고는 할 수 없는 가치관의 문제입니다. 어느 것이 더 보람 있는 삶인지 또한 스스로가 판단할 일입니다.

Q3. 직장생활에서 가장 중요한 것은 무엇일까요?

A3. 성공하는 사람들의 공통점은 '좋은 인간관계'입니다

성공하는 사람들은 몇 가지 공통적인 특징을 갖고 있습니다. 그 첫번째는 인간관계입니다. 인간은 혼자 살 수 없습니다. 인간이란 단어에 사이 간 자가 들어가 있죠. 사람 사이의 관계와 간격이 있다는 것이고, 이 결여된 부분을 채워가는 것이 인간관계입니다.

오랜 기간 사회에서 성공한 사람을 봐왔습니다. 제 결론은 똑똑한 사람보다 인간관계 좋은 사람이 성공할 확률이 훨씬 높다는 것입니다. 공부만 잘하고 이기적인 사람은 주위를 돌보지 못해 외톨이가 되는 경우가 많습니다. 어떤 경우는 사회화 과정을 제대로 거치지 않아 문제를 일으키기도 합니다. 시험 치고 경쟁하는 것도 중요하지만 남과 어떻게 더불어 살까를 고민하고 그 방법을 체득하는 것도 중요합니다. 아무리 발뒤꿈치를 세우고 까치발을 해도 남의 무등을 탄 것보다 더 높아질 수 없어요. 남의 무등을 타려면 배려하고 협동해야 합니다.

이는 직장생활뿐 아니라 행복한 삶과도 연결됩니다. 하버드대에서 사회적 성공을 거둔 졸업생들의 행복도를 조사한 결과를 본 적이 있어요. 머리가 좋은 사람이나 출세한 사람들이 행복한 게 아니라 인간관계가 좋은 사람들이 행복한 삶을 살고 있다는 결과였죠. 이런 말도 들은 적이 있습니다. 한국 학생이 하버드대 시험을 쳤는데 엄청나게 좋은 성적을 받았지만 정작 뽑히지는 못했다고 해요. 부모가 하버드대 교수를 찾아가 시험을 이렇게 잘 봤는데 왜 떨어졌는지 이해가 안 간다고 따져 물었답니다. 그랬더니 교수는 이렇게 답했습니다.

"우리는 좋은 성적을 나쁘게 보지는 않지만 성적만 보고 뽑지는 않는다."

그리고 헌혈의 경험에 대해 지적했답니다. 그 학생은 헌혈을 한 적이 한 번도 없었다는 것입니다. 주변을 위해서 희생이라는 것을 조금도 해보지 않은 사람이라 떨어뜨렸다는 말이었죠. 지금도 하버드대가 그런지는 모르겠습니다. 여하튼 중요한 것은 주위를 배려할 줄 알아야 한다는 것입니다. 그래야 주변에 사람이 모입니다.

이 대목에서 한국인들에 대한 아쉬움이 약간 있습니다. 한국인들은 앞서도 얘기했듯 세계에서 가장 머리가 좋은 사람들입니다. 개인이 참가하는 각종 기능대회에서도 1등을 하고 노벨 문학상과 평화상도 받았지만 아직 과학상이나 경제학상은 받지 못했죠. 몇 해 전부터 노벨상도 단체로 받는 경우가 늘었습니다. "노벨상은 개인기로받는 것이 아니라 단체 게임이다"라는 말이 있을 정도입니다. 왜 우리는 협력하지 못할까. 저는 이런 고민을 항상하고 있습니다.

노벨상 얘기를 꺼낸 김에 한 가지 더 말하고 지나갑시다. 우리나라에서는 아직도 시험을 잘 쳐서 일류 대학에들어간 사람을 우수 인재로 칩니다. 저는 반드시 그렇지만은 않다고 생각합니다. 노벨상을 시험 잘 친 사람에게주나요? 아닙니다. 시험을 잘 쳤다는 것은 배운 것을 잘기억하고, 시험을 잘 칠 만큼 기억력이 좋다는 것입니다. 하지만 노벨상은 남이 연구한 것을 잘 기억했다고 해서

주지 않습니다.

세상을 살아가는 데는 기억력이 중요하다고 생각합니다. 하지만 추리력, 판단력, 결단력, 인내력, 창의력 등 여러 가지 요소가 함께 필요합니다. 그런 면에서 기억력 위주로 우열을 가리는 우리나라 교육은 달라져야 합니다. 그래서 시험 성적이 낮아도 얼마든지 성공할 수 있다고 생각합니다. 동원에서 '범재경영'이란 기치를 내건 적이 있어요. 범재들을 모아서 제대로 교육하고 훈련시키면 노력으로 인해 천재에 가까워질 수 있다는 경영방침입니다.

~~~~~~

다시 본론으로 돌아와서, 그럼 좋은 인간관계를 맺으려면 어떻게 해야 할까요. 주변을 둘러보면 인간관계가 좋은 사람들의 공통적 특징을 금방 발견할 수 있습니다. 주위를 배려하고 베푸는 삶을 사는 사람들입니다. 동료들의 부탁을 항상 진지하게 들어주고, 불편한 일을 먼저 나서서 하고, 양보를 할 줄 아는 사람들이 주변으로부터 좋은 평판을 얻고, 좋은 인간관계를 유지합니다.

이를 '길동무가 되라'는 말로 바꿔 말할 수도 있습니다. 다른 사람이 당신을 길동무로 삼고 싶어한다면 제대로 된 삶을 살고 있는 것입니다. 길동무가 되려면 말도 좀 잘해야 하고, 지식이건 무엇이건 나눌 만한 자산도 있어야 하고, 더 중요한 것은 내 것을 내줄 수 있는 손해보는 자세도 필요하다는 것입니다.

인간 욕구 5단계설을 주장한 매슬로는 말년엔 인간 욕구 5단계 위에 6단계가 있고, 그 6단계는 공동체에 대한 봉사라고 했습니다. 그 사람이 진짜 행복한 삶을 산 사람이란 얘기입니다. 인간관계가 좋아야 행복한 삶이라는 하버드대 조사 결과와도 비슷한 결론이라고 생각합니다.

개인이 인간관계가 좋아야 성공할 수 있다면 팀은 어떨까요. 저는 팀워크보다 좋은 선수는 없다고 생각합니다. 팀워크는 곧 팀원들과의 관계에서 비롯됩니다. 좋은 팀워크를 가진 팀이 성과가 가장 좋습니다.

회사에 갔는데 죽어도 보기 싫은 상사나 부하직원이

있으면 어떨 것 같은가요. 그야말로 지옥일 겁니다. 일터에서 행복을 찾으려면, 우선 재미있는 일터가 되어야 할 것이고 재미있는 일터가 되기 위해선 소통하고 협동하는 자세가 무엇보다 중요합니다.

Q4. 실패의 중요성을 강조하셨는데, 좋은 실패란 무엇이라고 생각하십니까?

A4. 의미 있는 실패라면 모두 좋은 실패입니다

1988년 제주 지역민들이 대기업의 투자가 필요하다고 요청하여 제주에서 광어 양식을 시작했습니다. 제주도, 제주수산대, 정부 관련 부처 사람들이 '동원이 이 사업에 참여해달라'고 청한 것이었습니다. 당시 수산인들의 슬로건은 '잡는 어업에서 기르는 어업으로'였고, 누군가 해야 할 일이라면 우리가 해야겠다고 생각했습니다. 표선면 해변가에 양식장, 배양장 등을 지어 광어, 복어, 우럭 등을 기르기 시작했고 1990년 1월 활어 판매를 시작했지요. 하지만 매년 적자를 면치 못했습니다.

직원들의 보고만으로는 적자의 이유를 알 수 없었습니다. 답답하기도 하고 궁금하기도 하여, 즉시 현장으로 달려갔습니다. 양식장에서 직접 살펴보니, 광어가 제대로 자라지 못하는 것이 문제였습니다. 양식장에서 키운 지 1년 정도 지나면 일정 크기(1킬로그램)가 되어야 하는데 2년

이 지나도 그만큼 크지 못하고 있는 것이었습니다. 수많은 석박사가 있었지만 그 원인을 제대로 설명하는 사람이 아무도 없었습니다. 다행인지 불행인지 저는 단번에 이유를 파악할 수 있었습니다. 호기심이 많고 궁금한 것은 바로 답을 알아야 직성이 풀리기에 평소 어종에 대해서도 많은 공부를 해왔던 덕입니다. 거기다 원양어선을 타면서 쌓은 산지식까지 있었죠.

광어는 굉장히 민감한 물고기입니다. 그래서 가능한 한 자연에 가까운 환경에서 키워야 합니다. 저는 우선 광어 양식에 쓰는 먹이부터 보자고 했습니다. 모든 먹이가 냉장고에 보관되고 있었습니다. 찬 먹이를 주니 소화기 병이 잦았을 것이고, 소화를 제대로 못하니 성장이 더딘 것은 당연한 일이었습니다.

양식장의 다른 한쪽에서는 광어를 크기별로 분류하고 있었습니다. 큰 놈 작은 놈을 구분해 이리저리 옮기는 과정에서 광어는 스트레스를 받을 수밖에 없었습니다. 광어를 양식하는 게 아니라 고문하고 있었던 셈입니다. 왜 이런 일이 벌어질까 살펴봤더니 근무 형태가 문제였어요.

전문가들은 사무실에만 있고, 현장에는 일반 근로자들밖에 없었습니다. 바로 문제점을 지적하며 개선을 지시했습니다.

그때 많은 것을 깨달았습니다. 이는 단순히 양식의 방식이 문제가 아니라 일반적인 조직의 공통 문제라는 생각을 하게 됐습니다. 조직은 대부분 피라미드 모양이고, 오래된 조직일수록 계층이 많습니다. 피라미드 높은 곳에서 낮은 곳을 보면 문제가 보이지 않습니다. 결국 피라미드의 높이를 낮추고, 일하는 사람들이 스스로 일의 본질을 알지 못하면 안 되는 겁니다.

여하튼 동원이 제주 광어 양식에 투자하자 연쇄 효과가 일어났습니다. 근처에 다른 사람들이 세운 양식장만 100여 개에 달했습니다. 1990년대 중반 이후 양식 사업이 자리를 잡기 시작했습니다. 그랬더니 동네에서 다른 목소리가 들리기 시작했습니다.

"동원 같은 대기업이 물고기까지 키워서 되겠느냐"는 소리였습니다. 서운함이 없지 않았습니다. 기껏 투자해

사업이 자리를 잡았는데 이제 나가라고 하니 한 인간으로서 서운함이 없을 수가 없었어요. 그러나 이 소리를 듣자마자 사업을 접기로 했습니다. 연안에서는 고기를 잡지 않는다는 원칙, 국내 어부들과 갈등을 일으키지 않는다는 원칙을 생각했습니다. 그래도 동원이 투자하고 시작한 사업이 현재 제주에서 감귤 다음으로 큰 사업이 됐다는 점을 위안으로 삼았습니다. 일정한 성공을 한 후 겪게 된 의미 있는 실패는 더더욱 기쁘게 받아들이게 됐습니다.

Q5. 사업을 하면서 협상이나 설득을 많이 하셨을 것 같은데 노하우가 있으면 알려주십시오

A5. 신뢰가 설득이나 협상에서 가장 중요한 자본이라고 생각합니다

사업 초기에는 돈을 한푼도 빌리지 않고 했습니다. 일본 사람들이 먼저 배를 빌려주고, 배값은 물고기를 잡아서 갚으라고 했지요. 당시 화려한 언변과 같은 테크닉으로 (배를) 빌려 온 건 절대 아니에요.

사업을 시작하기 전에 고려원양 수산부장으로 일했을 때 일로써 신뢰를 쌓은 것 같습니다. 그때 일본 사람들이 이렇게 생각한 것 같아요.

'저 사람한테는 배를 외상으로 빌려줘도 틀림없이 갚겠구나.'

그래서 배를 서로 빌려다 쓰라고 했어요. 제가 "나 배 사게 돈을 좀 빌려달라"고 한 적이 없는 거지요. 오히려 일본 회사들이 제게 배를 빌려주고 싶어하니까 먼저 대접해주기도 한 거고요. 을이지만 사정하지도 않았어요. 신뢰가 설득이나 협상에서 가장 중요한 자본이라고 생각합니다.

협상과 관련해서는 한국 사람들이 얼마나 똑똑한지를 보여준 일화를 하나 말씀드릴게요. 오래전 배를 탈 때 선원들과 해외에 나가 현지에서 물건을 살 때가 있었습니다. 저는 걱정을 했지요.

'외국어를 못하는 선원들이 물건을 비싸게 사 오면 어떻게 하나.'

그런데 제 예상과는 달랐어요. 예를 들어 제가 사면 100달러를 줘야 하는데 외국어도 못하는 이 친구들은 80달러, 90달러에 사 올 때가 많았어요. 궁금했지요. 도대체 저 친구들이 어떻게 나보다 물건을 싸게 살까. 그래서 물어봤지요. 도대체 어떻게 그렇게 싸게 사 오느냐고. 그 친구들의 답은 "에이, 선장님은 그렇게 못하실 거예요"였습니다. 몇 번 더 물어보니 비법을 알려주더라고요. 물건을 딱 보고 100달러짜리면 얼마를 깎을지 속으로 생각한다는 거예요. 그리고 가격을 부른답니다.

"60달러!"라고요. 그러고는 판매하는 상인이 화를 버럭 내면서 나가라고 할 때 나가는 척을 하면 된답니다. 상인이 조금만 더 내면 팔겠다고 해도 계속 60달러를 고집하면서 "해브 노 머니, 해브 노 머니"만 외쳤다는 거였어요. 그러면 결국 상인은 본전에서 조금만 남긴 가격을 부르고 선원들이 원하는 가격에 거래가 성사되는 것이지요. 그리고 해브 노 머니를 외쳤던 선원들은 떡하니 100달러짜리를 내놓고 거스름돈을 받아오고요. 상인은 황당했겠지만, 외국어로 협상을 할 능력이 없는 선원들은 그렇게 자신이 원하는 가격에 물건을 사 오는 겁니다. 그들로부터 협상의 기술을 배웠다고 할 수 있지요. 그때 느낀 게 있습니다.

'진짜 우리나라가 자원은 없지만, 사람은 우수하구나.'

그 이후 인재를 양성해야겠다는 생각이 들었습니다. 제가 졸업한 학교에 장학금을 기부하기 시작한 배경입니다. 지금도 동원은 대재벌은 아니지만 여기저기 학교에 기부도 많이 하고 교육에 큰 관심을 기울이고 있습니다.

Q6. 회장님 손주와 같은 부서에서 일한 적이 있습니다. 사람들에게 항상 예의바르고, 집중력도 대단하다고 느꼈습니다. 자녀들이나 손주들에게 꼭 지키라고 강조하신 덕목이 있다면 어떤 게 있나요?

A6. 항상 주위를 배려하라고 강조합니다

"네가 돈이 있다고 돈을 펑펑 쓰면 돈 없는 사람이 널 좋게 보겠느냐, 네가 다른 사람보다 처지가 낫다고 모든 일을 네 기준으로 이야기하면 다른 사람들이 어떻게 보겠느냐."

간부들에게도 비슷한 말을 합니다. 윗사람이 되면 자기가 희생한다고 생각해야지, 누린다고 생각하면 안 된다고요. 그러면 누가 그 사람을 따르겠습니까. 신뢰가 형성되지 않는 것이지요.

또 자식들에게 '정도로 살아라'라고 항상 강조합니다. 물론 남에게 피해를 안 주는 것에서 한 발 더 나아가야 한다고 자식들이나 회사 간부들에게도 말합니다.

"이 세상에 나와서 남에게 신세 진 거보다 조금이라도
더 갚고 간다고 생각하고 살아라."

부모님, 학교, 사회 등이 있어서 지금의 내가 있는 것
이지 홀로 살아온 것은 아니지 않습니까. 그래서 "자기가
받은 것보다도 조금이라도 더 사회에 기여하고 가라, 그
것이 훌륭한 삶이다." 이런 얘기를 해요. 좀 막연하지만
의미가 있다고 생각해요.

사회에서도 이 생각이 중요하다고 생각해요. 한 사람,
한 사람이 사회로부터 받은 것보다 더 돌려준다고 생각
하면 사회가 좀더 밝아지리라 생각합니다.

정도, 배려, 관계 등이 중요하다고 말한 것들을 한마디
로 요약하면 "다른 사람이 너를 길동무로 삼고 싶은 삶을
살아라"라고 할 수 있을 것 같습니다. 여러분은 어떤 사
람과 길동무를 하고 싶습니까. 그것이 제가 아이들에게
가르친 내용입니다.

Q7. 다시 20대가 되면 무엇을 하고 싶습니까?

A7. 구글 못지않은 기업을 만들고 싶습니다

제가 일을 시작할 때는 선택지가 별로 없었어요. 어떻게 살아남아야 할까, 가난을 면하려면 뭘 해야 할까 정도가 고민의 전부였던 것 같습니다.

지금은 선택지가 많은 것 같습니다. 저는 농업고등학교를 나왔습니다. 그래서 그런지 농업에 미련이 있어서 관련 일을 해보고 싶어요. 남미 아르헨티나 같은 곳에 광활한 땅을 빌려 농사를 지으면 어떨까 싶습니다. 또 무한한 자원이 묻혀 있는 바다도 개척해보고 싶습니다. 바다가 지구 면적의 71퍼센트를 점하는 건 상식으로 알고 계시죠. 또 가장 깊은 해협은 지구에서 가장 높은 에베레스트를 담가도 될 정도로 깊습니다. 그 안에는 어마어마한 자원이 있어요. 그런 자원을 개발하는 일을 해볼까 싶기도 합니다. 또 요즘 정보기술IT이다 인공지능AI이다 하는데, 최고로 우수한 사람들을 모아 구글 못지않은 그런 기업도 한번 만들고 싶습니다.

취미란 것도 가져보고 싶어요. 지금, 이 나이가 되어서 제일 후회스러운 게 취미가 없다는 거예요. 운전면허도 없어요. 드라이브도 취미로 삼지 못한 것이지요. 선장, 선단장, 부장, 사장, 회장을 하다보니, 출세라고도 할 수 있는 걸 하느라, 어쨌든 바쁘게 살았어요. 항상 운전기사가 있었으니 운전을 배울 필요를 못 느끼기도 했죠. 이따금 악기라도 하나 다룰 수 있었으면 하는 생각을 합니다. 그럼 제대로 쉴 수 있었을 텐데 하는 아쉬움이 있는 거지요. 과학적으로도 일 안 하고 있을 때는 뇌를 쉬게 해줘야 한다고 합니다. 그러나 저는 가만히 앉아 있으면 걱정거리 또는 깊은 사색, 사업 구상 등으로 다시 뇌를 쓰고 있는 자신을 발견합니다. 안타깝게도 뇌를 쉬게 해줄 취미를 못 가졌어요. 젊은 시절로 돌아가면 취미 하나를 꼭 갖고 싶습니다.

삶과 꿈, 호기심과 도전

2019년 4월 김재철 회장과 인터뷰를 위해 서울 양재동 그의 사무실을 찾았다. 그는 은색 양복에 분홍색 넥타이를 하고 있었다. 왠지 봄날과 어울리는 새신랑 같은 느낌이었다. 인터뷰 내내 그는 미사여구 없는 투박하지만 담백한 말투로 답을 이어갔다. 20분쯤 지났을까. "올해 특별한 계획이 있으신지요?"라고 질문했다. 그의 답은 놀라웠다.

"저 이제 은퇴합니다."

순간 정적이 흘렀다. 이후 질문과 답이 이어졌지만 잘 들리지 않았다. 머릿속에는 디지털 자막 한 줄이 계속 흐르고 있었다.

"선장의 은퇴"

그리고 얼마 후 기사가 나왔다.

1934년 전남 강진에서 농부의 아들로 태어난 김재철. 공부에 재능이 있던 그였다. 하지만 고3 때 선생님의 한마디에 인생 항로를 바꿨다.

"나 같으면 바다로 가겠다."

그는 무한한 가능성이 있는 곳으로 향했다. "고작 뱃놈이 되겠다는 것이냐"는 다른 선생님들의 호통도, 아버

지의 못마땅한 표정도 뒤로하고 부산으로 갔다. 확정
된 서울대 입학은 포기했다. 대신 수산대(현 부경대)에
입학했다. 그곳에서 수많은 청춘이 배를 타다 영원히
바다로 가버렸다는 얘기도 들었다. 하지만 흔들리지
않았다. 최초의 원양어선 지남호가 출항한다는 얘기를
듣고 배에 몸을 실었다. "죽어도 좋다"는 각서를 쓰겠
다고 하며 승선을 허락받았다.

그렇게 삶과 죽음의 경계를 넘나드는 항해를 시작했
다. 그는 다른 뱃사람들과 달랐다. 배에서도 책을 끼
고 살았다. 고기 잡는 법을 연구하고 메모했다. 참치를
잘 잡았다. 대학을 졸업한 청년 김재철은 선장이 됐다.
'캡틴 JC KIM'으로 불렸다. 당시 일본 배를 빌려 세계
의 바다를 누볐다. 참치를 잡으며 생각했다.

'언젠가는 저들을 넘어서리라.'

1969년 4월 원양어선 한 척, 사원 두 명과 함께 회사를
차렸다. 동원산업이었다. 김재철 동원그룹 회장은 이

후 수십 년간 바다와 함께했다. 그는 말했다.

"숨가쁘게 달리다 뒤를 돌아보니 꿈꾸던 대로 '세계 최대 수산회사'가 돼 있었다."

그의 사업은 수산업에 머물지 않았다. 1980년대 초 그는 미국에서 연수하다 금융산업에서 또다른 미래를 발견했다. 한국으로 돌아온 그는 1982년 한신증권을 인수, 증권업도 시작했다. 한국투자금융그룹의 출발이었다.
그는 창립 50주년 기념식이 열린 2019년 4월 16일 이천 연수원에서 기념사를 했다.

"이제 무거운 짐을 내려놓겠습니다."

장내는 조용해졌다. 그룹 회장의 은퇴 선언이었다. 하지만 일반 선장의 은퇴식과 다르지 않았다. 오래전 함께하던 뱃사람들 그리고 직원들과 사진을 찍는 것이

다였다. 참치왕, 재계의 신사, 21세기 장보고로 불린 김재철 선장은 50년 짊어진 파도 같았던 짐을 내려놓고 자연인으로 돌아갔다.

당시 썼던 기사 내용이다. 예상 밖의 일은 그 이후에 일어났다. 일반적으로 대기업 회장 기사에 댓글이 달리면 절반은 욕이었다. "용비어천가를 써라" 같은 댓글은 익숙할 정도였다. 하지만 김 회장의 은퇴 기사에 달린 댓글은 달랐다. "함께해봐서 안다. 훌륭한 분이다" "저런 분이 은퇴해서 안타깝다" 등이 주를 이뤘다. 악성 댓글은 없었다. 그의 삶에는 메시지가 있었고, 그에 대한 사회적 증거가 '존경'이라는 반응으로 이어진 것이라고 해석했다.

~~~~~~~~

그는 가난한 소작농의 아들로 태어나 대기업을 일궜다. 물려받지 않은 자의 성취에 대한 높은 평가는 당연한 일이다. 그리고 따놓은 당상이었던 서울대를 포기하고 수산대를 갔다. 기득권을 버리고 더 넓은 곳으로 꿈을 찾아가는 것이 얼마나 힘든 일인지 사람들은 알고 있다.

김재철은 항상 스스로에게 부끄럽지 않으려고 애썼다. 동해, 서해, 남해에서는 한 번도 물고기를 잡지 않았다. 가뜩이나 어족 자원이 부족한데 어부들에게 피해를 주는 짓은 하고 싶지 않았다. 아무리 어려워도 로비 같은 것은 하지 않았다. 비자금은 동원그룹에서는 금기어다. 동원이 법적 분쟁에 휘말리지 않은 배경이다.

다른 재벌가와 달리 그는 자식들에게 엄격하기로 유명하다. 그는 두 아들을 원양어선에 태우고, 공장에서 참치 배 따는 일을 시켰다. 현재 한국투자금융그룹 회장 김남구, 동원산업 회장 김남정이 그들이다.

김재철은 또 선장 출신답게 직접 나서는 것을 주저하지 않았다. 창업 후 10년 정도 지나 새로 도입한 배에서 예상했던 어획량이 나오지 않자 그는 직접 배를 타고 바다로 나가 선단을 지휘했다. 이런 리더십으로 그는 1970년대 석유파동과 외환위기를 헤치며 세계 최대의 수산회사를 일구어냈다. 1996년 창사 이래 첫 적자를 내고, 1997년 외환위기로 2년 연속 적자를 내며 어려움에 처하기도 했다. 그때 그가 좋아하던 골프를 끊고, 부인의 자동차까지 팔아가며 버텨낸 일화는 유명하다.

~~~~~~~

김재철 비즈니스의 하이라이트는 미국 최대, 세계 최대의 참치캔 회사 스타키스트 인수였다. 스타키스트는 1917년 설립됐다. 1960년대 세계 최대 참치캔 브랜드가 됐다.

그때로 돌아가보자. 김재철은 고기를 잡기 위해 아프리카 가나와 비슷한 수준의 나라에서 원양으로 나온 어부였다. 잡은 참치를 스타키스트에 납품했다. 당시 김재철은 스타키스트를 어떤 회사라고 생각했을까. 감히 쳐다보지도 못할 회사였을 것이다. 그런 회사를 2008년 동원그룹이 인수했다. 2013년 그는 사모아 스타키스트 공장 설립 50주년 기념식에 오너의 자격으로 참석했다. 납품하던 참치잡이 배의 선장이 오너가 된 스토리다.

그는 공적 영역에서도 자신이 해야 할 일을 피하지 않았다. 김영삼 정부에서 해양수산부 탄생의 산파역을 했다는 것은 공지의 사실이다. 1999년부터 7년간은 한국무역협회장으로 일했다. 그냥 거쳐가는 관료들과는 달랐다. 혁신을 통해 경쟁력을 갖춘 무역협회로 바뀌났다는 평가를 받았다.

노무현 정부 시절에는 국민경제자문회의 부의장으로 일했다. 당시 정부의 자유무역협정FTA 1순위는 일본이었다. 하지만 그의 생각은 달랐다. 미국과 먼저 해야 다른 국가들과 FTA 협상에서 유리한 고지를 점할 수 있다고 판단하고 이를 적극 주장했다. 이 주장은 받아들여졌고, 한국의 첫번째 FTA 체결국은 미국이 됐다. 2006년에는 여수세계박람회 유치위원장을 맡았다. 초기 유치전 전세는 불리했다. 모로코 탕헤르에 밀리고 있었다. 그는 묘수를 찾아냈다. 다수의 태평양 도서국들을 국제박람회기구 BIE 신규 회원국으로 가입시키는 것이었다. 이들을 투표장으로 이끌어 유치전을 승리로 이끌었다. 이 공로를 인정받아 2008년 민간인이 받을 수 있는 최고의 훈장인 국민훈장 무궁화장을 받았다. 앞서 1986년 그는 수산업 발전에 기여한 공로로 금탑산업 훈장을 받았다. 무궁화장과 금탑산업 훈장을 받은 거의 유일한 기업인이기도 하다.

그의 삶은 책과 함께였다. 1953년 무급으로 탄 첫 배가 경유지인 일본에 도착하자 선장이 준 용돈으로 그는 중고 책을 한 꾸러미 샀다. 그리고 어업과 인문학 책을 사서 배에서 읽었다. 최근까지도 그는 하루에 책 한 권씩을 읽었다. 새로운 것에 관한 탐구와 도전은 책과 함께였다고 해도 과언이 아니다. 2019년 인터뷰 기록을 다시 찾아봤다. 그는 그 인터뷰 말미에 "앞으로 세상은 인공지능AI이 주도하게 될 겁니다"라고 말했다. 당시 그의 책상에는 일본어로 된 AI 관련 책이 몇 권 놓여 있던 것이 기억난다. 국내에서 누구도 인공지능을 본격적으로 얘기하지 않던 때였다.

~~~~~~~

얼마 전 다른 회사에 다니던 한 직원이 동원그룹으로

이직했다. 직급도 낮아지고, 연봉도 깎였다. 그에게 왜 그런 조건으로 옮겼냐고 질문했더니 답이 이렇게 돌아왔다.

"저도 존경받는 회사에서 일해보고 싶었습니다."

한국 사회에서 오너리스크는 상수다. 오너들의 일탈, 상속에 따른 세금 문제, 오너 간 경영권 분쟁, 탈세와 비자금 등 수많은 일이 벌어진다. 하지만 동원그룹에서는 오너리스크 얘기가 나온 적이 없다. 그의 은퇴 기사에 악플이 달리지 않았던 이유였는지 모른다.

이런 삶을 삶았던 김재철 회장이 주위의 권유로 젊은 이들과 나누고 싶은 이야기를 책으로 쓴다고 했다. 그리고 정리를 도와달라는 제안을 들었을 때 조금도 주저하지 않았다. 한 컨설턴트의 조언을 받아 '김재철이 없었다면……'이라는 생각을 해봤다. 그가 없었다면 우리의 해양영토는 한없이 작아졌을 것이며, 그가 없었다면 해양수산부 탄생도 언제 이뤄졌을지 모르며, 그가 없었다면 투자은행 중심의 금융지주회사(한국투자금융그룹) 모델도 없었을 것이다. 하나 더, 1980년대부터 지금까지 온 국민과 함께한 국내 회사의 참치캔이 없었을지도 모를 일이다.

~~~~~

　도전은 청년의 트레이드마크다. 김재철은 아흔이 넘은 나이에도 연어 양식 등 새로운 사업에 도전하고 있다. 끊임없이 쏟아내는 아이디어 때문에 동원 경영진들은 힘들겠구나 하는 생각도 들었다. 그는 여전히 에너지가 넘쳐난다. 김재철 회장 이름으로 상을 만든다면 '청년 김재철상'으로 하면 어떻겠냐고 얘기한 것도 이런 이유다. 본 책의 정체성은 '청년 김재철'이 이 시대의 청년들과 하는 대화가 아닐까 한다. 그 주체는 삶과 꿈, 호기심과 도전이다.

　　　　　　　　　한경비즈니스 편집장 김용준

김재철 연혁

1934년 3월 30일	전라남도 강진군 출생
1958년	국내 첫 원양어선 탑승(무급 실습 항해사)
	부산수산대학교(현. 부경대학교) 어로학과 졸업
1969년	동원산업 설립(사장)
1981년	미국 하버드대학교 최고경영자과정 졸업
1982~1996년	동원증권(구. 한신증권) 사장
1985~1991년	한국수산회 초대회장
1987년	부산수산대학교 명예수산학박사
1989~2019년	동원그룹 회장
1991년	금탑산업훈장(대한민국정부)
1995년	인촌상(제9회 산업기술 부문)
1998년	국민훈장 모란장(대한민국정부)
1999~2006년	한국무역협회장
2001~2003년	국민경제자문회의 부의장
2001년	벨기에국왕 훈장
	고려대학교 명예경영학박사
	한국외국어대학교 명예경영학박사

2005년~	부경대학교 명예총장
2006~2007년	2012 여수세계박람회 유치위원회 위원장
2008년	국민훈장 무궁화장(대한민국정부)
	조선대학교 명예문학박사
2009년	최우수기업가상 대상(Ernst&Young)
2013년	세네갈 국가공로훈장
2017년	뉴질랜드 정부 공로훈장
	광주과학기술원 명예이학박사
2019년~	동원그룹 명예회장
2019년	숙명여자대학교 명예교육학박사
2022년	대한민국 기업가 명예의 전당(한국경영학회)
	KAIST 명예과학기술학박사
2023년	한양대학교 명예공학박사

정리자
김용준

경제경영 주간지 한경비즈니스 편집장. 1997년부터 2021년까지 〈한국경제신문〉 기자로 일하며 정치부, 경제부, 증권부, 산업부, 유통부 등에서 현장을 취재했고, 중소기업부장, 유통부장, 증권부장을 지냈다. 2019년 김재철 회장이 현역에서 은퇴할 당시 유통부장으로 퇴임 인터뷰한 인연을 갖고 있다.

저서로는 이건희 삼성 회장의 경영철학을 해설한 『지행33훈』, 땅콩회항과 기업의 위기관리를 다룬 『평판사회』(공저), 대우그룹의 해체 스토리를 담은 『대우패망비사』(공저) 등이 있다. 이헌재 전 기획재정부 장관 겸 경제부총리의 저서 『경제는 정치다』를 정리했으며 『주식의 시대 밀레니얼이 온다』 『똑똑한 주식투자』 등을 기획했다.

인생의 파도를 넘는 법

1판 1쇄 2025년 4월 16일 | **1판 5쇄** 2025년 5월 27일

지은이 김재철 | **정리** 김용준
기획 고아라 신기철 | **책임편집** 고아라 | **편집** 정선재 이희연 김혜정
디자인 백주영 | **저작권** 박지영 형소진 오서영
마케팅 정민호 서지화 한민아 이민경 왕지경 정유진 정경주 김수인 김혜원 김예진 나현후 이서진
브랜딩 함유지 박민재 이송이 김희숙 박다솔 조다현 김하연 이준희
제작 강신은 김동욱 이순호 | **제작처** 천광인쇄사(인쇄) 신안문화사(제본)

펴낸곳 (주)문학동네 | **펴낸이** 김소영
출판등록 1993년 10월 22일 제2003-000045호
브랜드 콜라주
주소 10881 경기도 파주시 회동길 210
전자우편 editor@munhak.com | **대표전화** 031) 955-8888 | **팩스** 031) 955-8855
문학동네카페 http://cafe.naver.com/mhdn
인스타그램 @munhakdongne | **트위터** @munhakdongne
북클럽문학동네 http://bookclubmunhak.com

ISBN 979-11-416-0983-2 03320

• 이 책의 판권은 지은이와 콜라주에 있습니다.
• 콜라주는 (주)문학동네의 경제경영·에세이 브랜드입니다.
• 이 책 내용의 전부 또는 일부를 재사용하려면 반드시 양측의 서면 동의를 받아야 합니다.
• 잘못된 책은 구입하신 서점에서 교환해드립니다. 기타 교환 문의 : 031-955-2661, 3580

www.munhak.com